Wandsbek · Ein Bilderbuch von Wolfgang Plat

Der Wandsbeker Markt aus der Vogelperspektive (B)

Wandsbek

Ein Bilderbuch von Wolfgang Plat

Mit Bildern
von Fritz Lachmund, Thomas Hampel
und Jürgen Pieplow

Christians

Inhalt

Ein Wort zuvor

Wir, Fritz Lachmund, Thomas Hampel, Jürgen Pieplow und ich, hatten uns vorgenommen, ein schönes Bilderbuch mit alten und neuen Fotos und einer Federzeichnung zu machen. Natürlich sollte auch ein Text dabei sein, ohne den Ehrgeiz zu haben, hier ein auch nur einigermaßen vollständiges Bild über die Geschichte vom alten Wandsbek zu zeichnen. Wer sich für die Gesamtgeschichte interessiert, sollte auf das kleine Lexikon über den Bezirk Wandsbek von G. W. Röpke zurückgreifen. Da findet er (fast) alles Wissenswerte. Wir bringen Fotos, eine Federzeichnung und einige historische und literarische Streiflichter.

Die Auswahl der Themen ist durchaus subjektiv, übrigens auch die Auswahl der Gedichte von Claudius. Einigen Lesern werden andere Gedichte besser gefallen, davon bin ich überzeugt.

Deutlich setzt sich der Text von der ausgedehnten Heimat-Geschichtsschreibung ab, die ich im übrigen vor allem deshalb sehr schätze, weil sie unendlich viele Einzelheiten zutage bringt, die dem Historiker nicht geläufig sind. Auf meinen Drehreisen als Dokumentarfilmer durch Europa — vorwiegend mit historischen Themen beschäftigt — haben mir lokale Geschichtsschreiber äußerst wertvolle Hinweise gegeben, auf die ich selbst nie gekommen wäre. Aber der Horizont des Heimat-Geschichtsschreibers ist oft eng, als hätte er, wie die alten Droschkengäule, Scheuklappen und könne weder nach rechts noch nach links schauen.

Der Leser wird das bei einigen Themen schon merken, wo der Historiker bemüht sein muß, den Blick auf die Geschichte und auf die Gegenwart nicht zu verengen, sondern zu erweitern. Es ist ein großer Fehler, die Heimatgeschichte isoliert von den großen deutschen und auch den europäischen geschichtlichen Ereignissen zu sehen. Wir haben uns mit dieser Veröffentlichung auf das historische Wandsbek konzentriert. Das Buch wäre sonst zu umfangreich geworden.

Ich finde es schön, wie Fritz Lachmund in seinem wundervollen Barmbek-Buch seine Jugendzeit im alten Barmbek beschreibt. Alles ist da übergoldet von schönen

Jugenderinnerungen. Ich könnte das deshalb nicht schreiben, weil mir diese Jugenderinnerungen einfach fehlen. Ich habe ganz andere Jugenderinnerungen und die sind alles andere als übergoldet.

Zu danken habe ich den Mitarbeitern des Hamburger Staatsarchivs, des Museums für Hamburgische Geschichte, der Universitätsbibliothek. Ferner danke ich Frau Dr. Schneider, der Landesarchäologin, Herrn Klein vom Jugendamt im Bezirk Wandsbek und Frau Dr. Plambeck, deren Wandsbeker Bibliografie ich dankbar verwendet habe. Ferner bedanke ich mich sehr für die Mithilfe bei Herrn Joachim Häger von der Pressestelle der Hamburger Hochbahn.

Mein besonderer Dank gilt dem Team, Herrn Lachmund, der die historischen Fotos auswählte, Herrn Hampel, den ich mit dem Fotoapparat durch Wandsbek hetzte, und der niemals ungeduldig wurde, und Herrn Pieplow, der eine Federzeichnung beisteuerte. Ohne ein solches gutes Team hätte dieses Buch nicht entstehen können.

Hamburg, 31. Januar 1986   Wolfgang Plat

Antonie und August Willmann
1905 (A)

Ein Spaziergang

Ob wir unseren Spaziergang mit diesen beiden Wandsbeker Kindern beginnen sollten, weiß ich nicht. Es sind Antonie und August Willmann, und die Aufnahme
wurde 1905 im Fotoatelier von G. Scholz gemacht. Die Eltern haben die armen Kinder ganz fein herausstaffiert, und entsprechend unglücklich schauen sie unter ihren
großen Strohhüten hervor und wahrscheinlich Vater und Mutter an, die – neben
dem Fotografen postiert – Anweisungen gegeben haben, wie sich die Kinder «anstän-
dig» hinstellen sollten. Vor allem über Antonie habe ich immer wieder lachen müssen, wenn ich das Foto anschaute. Man beachte die riesige Schleife, die man dem un-
glücklichen Mädchen unterhalb des Bauchnabels um die Hüften geschlungen hatte.
Und die Spitzenhöschen! Und die weißen Gamaschen! Urkomisch! Also beginnen
wir unseren Spaziergang.

Osterkirche im Jacobi-Park (B)

Im Jacobi-Park (B)

Grab von Clara Horn im Jakobi-Park (B)

Jacobi-Park

Unser Spaziergang beginnt in Eilbek im Jacobi-Park, dem ehemaligen Jakobi-Friedhof, dessen vor 120 Jahren im neogotischen Stil erbaute Friedhofskapelle nach der Zerstörung durch den Krieg als Kirche aufgebaut wurde. Es ist die Osterkirche. Einige Gräber sind in dem heutigen schönen Park mit den alten Baumbeständen erhalten geblieben. Das schönste Grab ist das von Clara Horn, einer beliebten Schauspielerin des Thalia-Theaters. Sie wurde nur 32 Jahre alt.

Wandsbeker Markt

Wenn wir uns nun dem Wandsbeker Markt nähern und schon in der Ferne die Spitze der Christuskirche auftaucht, wollen wir ein Foto von 1904 mit einem Foto von 1985 vergleichen, obwohl die Aufnahmen nicht genau von derselben Stelle aus gemacht wurden. Was mir bei vielen Vergleichen von alten mit neuen Fotos aufgefallen ist, bestätigt sich auch hier: die Straße macht auf dem Foto von 1904 einen gewachsenen und geschlossenen Eindruck. Der Neubau nach 1945: fast nirgends spürt man die sichere Hand einer Stadtplanung.

Es hat offensichtlich in weiten Bereichen keinerlei Bauauflagen hinsichtlich Fassadengestaltung und Bauhöhe gegeben. Natürlich gibt es Ausnahmen. Aber zahlreiche Lücken, die die Fliegerbomben rissen, sind bis heute, vom Standpunkt des Städtebaus aus gesehen, nicht geschlossen worden. Die Behelfsbuden der unmittelbaren Nachkriegszeit wurden oft lediglich in massive Bauten umgewandelt, die, wie auch auf dem Foto von 1985 zu erkennen, oft nur einstöckig errichtet wurden — an einer Hauptstraße Hamburgs! Das alles ist unverständlich und leider auch nicht wieder gut zu machen, nachdem eine einzigartige Gelegenheit, für den Wandsbeker Stadtmittelpunkt (und nicht nur dort) eine städtebauliche Gesamtkonzeption zu finden, ungenutzt blieb.

Hamburger Straße
um 1904 (A)

Wandsbeker Chaussee
1985 (B)

Wandsbeker Markt
um 1910 (A)

Kaufhaus Karstadt 1926 (A)

Wandsbeker Marktstraße 1985 (B)

Nun sind wir am Wandsbeker Marktplatz angekommen. Auf dem Foto schreiben wir das Jahr 1910 und schauen von der heutigen Wandsbeker Marktstraße (aus einem Etagenhaus) hinüber zur Schloßstraße. Dort im grünen Hintergrund rechts stand einmal das Schloß. Der Marktplatz ist leer und verträumt. Vorn links: zwei einsame Droschken. Rechts: das Wartehäuschen der Straßenbahn, vor dem zwei Droschkenkutscher auf Kundschaft warten. Rechts in der Schleife zwei Straßenbahnen, die von hier aus nach Hamburg zurückfahren. Auf dem nächsten Bild sehen wir den Verlauf der Wandsbeker Marktstraße in Richtung Osten im Jahre 1912. Hier ist schon mehr los. Die Häuserzeile ist lückenlos. Wir sehen zwar nur Pferdefuhrwerke, aber ein Reklameschild kündigt schon die neue Zeit an: Auto-Halle. Das nächste Foto (1926) zeigt ebenfalls die Wandsbeker Marktstraße (damals hieß sie Lübecker Straße) mit dem Kaufhaus Karstadt, das die Straßenzeile beherrscht. Und nun das letzte Foto (1985) mit demselben Motiv, aber von Osten her aufgenommen. Die Marktstraße ist wieder aufgebaut. Die Fassaden sind langweilig und gesichtslos bis auf das gut gelungene Kaufhaus Horten, dessen Klinkerbau wesentlich dem Freiherrn von Beust zu verdanken ist, der gegen den wütenden Widerstand der Geschäftsleute dieses zweite Kaufhaus am Markt durchsetzte. Den Wandsbeker Markt selbst gibt es nicht mehr. Das ist unter allen städteplanerischen Entscheidungen der Wiederaufbauphase Wandsbeks die schlimmste. Der Mittelpunkt eines gewachsenen Stadtkerns wird mit einem häßlichen Omnibus-Bahnhof zugedeckt. Es gab dafür keinerlei Notwendigkeit. Wenige hundert Meter östlich zwischen Zoll- und Rüterstraße wäre genug Platz gewesen für den U-Bahnhof und ZOB darüber. Der Markt wäre erhalten geblieben. Und es wäre ein schöner Markt mit einer breiten Fußgängerzone geworden, wenn die Wandsbeker Marktstraße als west-östliche Verkehrsachse unter die Erde verlegt worden wäre. Aber von solchen Träumen können wir Abschied nehmen.

Wandsbeker Marktstraße
um 1912 (A)

Wandsbeker Markt
um 1950 (A)

Alte Wandsbeker Kirche.
1898 abgebrannt (A)

Die Christuskirche und das Mausoleum

Auch beim Wiederaufbau der Christuskirche bewiesen weder die Städteplaner noch die evangelische Gemeinde historischen Sinn. Das wunderschöne Schimmelmannsche Mausoleum war erhalten geblieben. Was hätte näher gelegen, als die Christuskirche — etwas nach Osten zurückversetzt — im alten klassizistischen Stil mit den 6 Säulen am Portal wiederaufzubauen? Das Ergebnis wäre ein klassizistisches Bauensemble geworden, wie es Hamburg ein zweites Mal nicht aufzuweisen hätte. War schon die Kirche von 1902 eine neugotische Häßlichkeit, jetzt sollte es noch schlimmer kommen. Die neue Christuskirche hat überhaupt kein Gesicht mehr. Zukünftige Generationen werden darüber nur den Kopf schütteln können.

Blick auf die Christuskriche
1985 (B)

Grablegung Christi.
Silbernes Altarrelief von Hans Lencker
(Augsburg) 1625. Christuskirche (C)

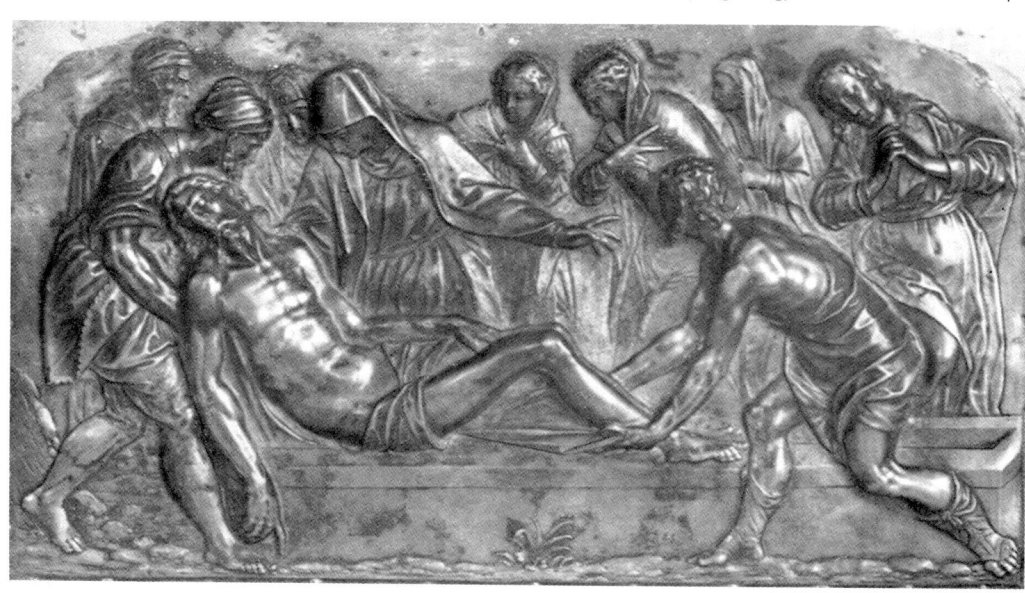

Die neogotische Kirche
am Wandsbeker Markt
(1901—1943) (A)

Schimmelmann-Mausoleum (B)

WOHLTHATEN STILL UND REIN GEGEBEN·
SIND TODTE DIE IM GRABE LEBEN·
SIND BLUMEN DIE IM STURM BESTEHN·
SIND STERNLEIN DIE NICHT UNTERGEHN·
MATHIAS CLAUDIUS

Sarkophag
des Freiherrn von Schimmelmann (B)

Schimmelmann-Mausoleum
Innenansichten

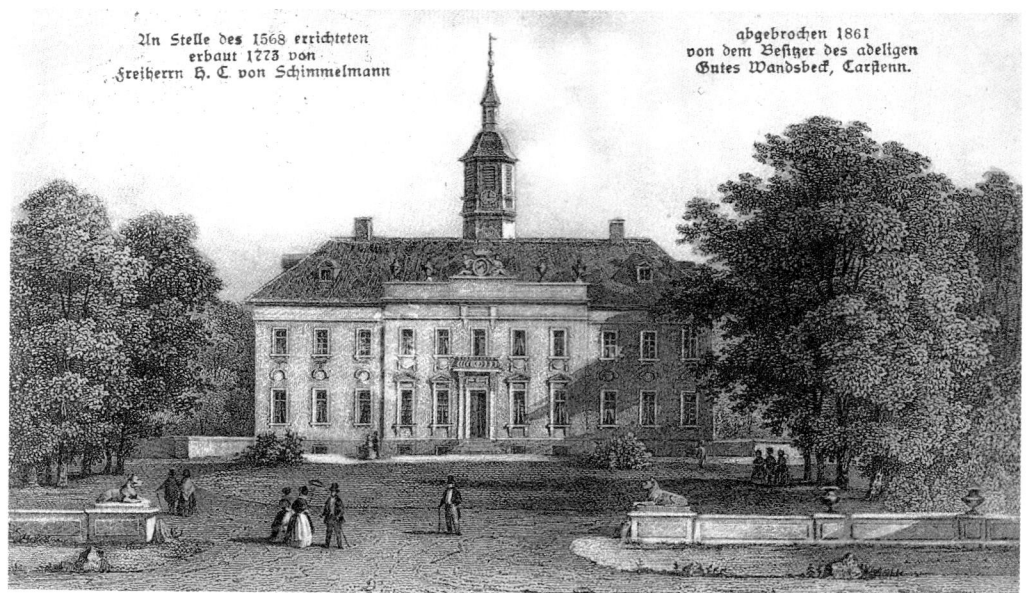

Die Schloßreste und der Kirchhof

Einige Reste des 1861 abgerissenen Schlosses werden am Marktplatz aufbewahrt: der Löwe und die Löwin, die einst das Schloß «bewachten» und nun in der Grünanlage westlich des ZOB vor sich hin träumen. Den einst so prächtigen oberen Teil der Attika des Schlosses mit dem Wappen Schimmelmanns, von zwei kräftigen Männern gestützt, finden wir — schwer zerstört und restauriert — in der Vorhalle des Standesamtes im Bezirksgebäude. Vor und neben dem Mausoleum haben sich einige Gräber des ehemaligen Kirchhofes erhalten: die Gräber von Matthias Claudius und seiner Frau Rebekka, das Grab des Generalleutnants Friedrich Philipp Viktor von Moltke (1786—1845), des Vaters des Generalfeldmarschalls. Das bescheidene Haus des Generalleutnants stand noch 1950 in der Straße Kattunbleiche. Auf dem Grab des Generalleutnants finden wir eine Gedenktafel, die an Helmut James Graf von Moltke (geb. 1907) erinnert, der als Mitverschwörer des 20. Juli im Jahre 1945 in Berlin-Plötzensee hingerichtet wurde.

Wandsbeker Markt
mit Löwen
und Puvogelbrunnen
1925 (A)

Attika des Schlosses
(im Bezirksamt aufgestellt) (B)

Grab des Bürgermeisters Puvogel (B)   Puvogel Brunnen, Detail (B)

Puvogel und der Puvogel-Brunnen

Auch das Grab des Bürgermeisters Puvogel ist erhalten geblieben. Er war von 1873–1907 2. Bürgermeister und hat sich sehr um die Entwicklung der Stadt Wandsbek verdient gemacht. Die Wandsbeker errichteten ihm zu Ehren den auf der Anlage des ZOB stehenden Brunnen mit der Brunnenfigur «Der Morgen», die allerdings früher in der ausgereckten Hand eine Lampe trug, die im Laufe der Zeit abhanden gekommen ist. Nun reckt sie den einen Arm ins Leere, und es sieht auch schön aus.

Puvogel Brunnen (B)

Schloßlöwe (B)

Moltkehaus
in der Kattunbleiche
um 1950 (A)

Wandsbeker Bahnhof
1925 (A)

Das Wandsbeker Gehölz

Direkt am Markt beginnen die Wandsbeker Gehölze, die sich mit insgesamt vier Abschnitten weit nach Osten bis zum Osterkamp erstrecken. Fast wären die Wandsbeker Gehölze auch der Spekulationswut des Gutsbesitzers Carstenn zum Opfer gefallen. Es war eine ziemlich heftige Bürgerinitiative, die 1860 die Wandsbeker Verwaltung veranlaßte, die Gehölze für 96 000 M. dem Spekulanten zu entreißen. Noch heute müssen wir den damaligen Wandsbekern dafür dankbar sein, denn die Kaufsumme war damals für die Gemeinde sehr viel Geld. Ein kleiner Spaziergang durchs Gehölz läßt vergessen, daß man sich in einer Großstadt befindet, so schön und fast ursprünglich ist das alles. Ob allerdings die Nachtigallen noch schlagen, die Claudius andichtete, das weiß ich nicht. Schüsse von Duellanten, wie sie Claudius erschreckten, werden wohl nicht mehr durch das Wandsbeker Gehölz peitschen. Nach dem ersten Abschnitt des Gehölzes treffen wir auf den kleinen Bahnhof, der schon damals vor 120 Jahren abseits vom Wandsbeker Getriebe lag.

Eine weiter nördliche Trassenführung, wie sie viele Bürger forderten, mit einem Bahnhof auf dem Gelände von Wendemuth und mit direktem Gleisanschluß für die Industrie wäre wirtschaftlich durchdachter gewesen. Auch hier machte der unselige Carstenn den Wandsbekern einen Strich durch die Rechnung.

Wandsbek   Bahnübergang an der Goethestraße

Bahnübergang
an der Goethestraße
1910 (A)

Wandsbeck   Im Gehölz

Wandsbeker Gehölz
1910 (A)

Marienthal

Vor 120 Jahren wurde auch Marienthal parzelliert und als ein Villenviertel aufgebaut. Es ist bis heute einer der schönsten und ruhigsten Stadtteile des alten Wandsbek geblieben. Hier wollen wir einen Augenblick einhalten und daran denken, wie sehr Wandsbek unter dem zweiten Weltkrieg zu leiden hatte. Wieviele Menschenleben sind zu beklagen, wieviel Glück wurde zerstört, und wieviele materiellen Werte wurden vernichtet! Zweimal sehen wir hier die Marienanlage: 1943 und heute, von demselben Standpunkt aus fotografiert. Bei dieser Gelegenheit wollen wir auch den Zerstörungsgrad der Volksdorfer Straße von 1943 zeigen und die Gesichter jener, die das alles mit anrichteten: den Nazi-Kreisleiter Eggers und seine Mitarbeiter.

Marienanlage 1943 (E)

Marienanlage 1985 (D)

Vieles hat sich im alten Wandsbek verändert, und es wäre sicher falsch, alle Veränderungen als Ergebnis der Zerstörungen durch den zweiten Weltkrieg zu sehen. Fritz Lachmund hat die Moorewood-Straße 1950 fotografiert und Thomas Hampel 35 Jahre später. 1950 – da hat diese Straße noch ganz ihren fast dörflichen Charakter. 35 Jahre später sieht das alles ganz anders aus. Auf einem anderen Bild sehen wir die Königstraße um 1900. Sie hat schon mehr den Charakter einer Stadtstraße. Noch deutlicher zeigt sich dieser Charakter in der damaligen Hamburger Straße und der Lübecker Straße (heute Wandsbeker Zollstraße und Ahrensburger Straße). Das sind Aufnahmen von 1905 bzw. 1907. Bei dem Foto von den Einmündungen der Lübecker Straße und der damaligen Kampstraße sehen wir im Hintergrund die ragenden Schlote der Wandsbeker Industrie. Auf dem Foto von der Zollstraße von 1907 sehen wir links und rechts Fabrikgebäude, die diesen Teil Wandsbeks beherrschen. Und dann eine Aufnahme von der Ahrensburger Straße von 1950. Sie könnte auch 50 Jahre älter sein. Erst später hat sich das alles geändert, und wir sehen, wie schnell hier die Stadt Wandsbek ländlichen Charakter annimmt, sobald man sich vom Stadtkern entfernt.

Nazi-Kreisleiter Eggers,
Wandsbek (F)

Volksdorfer Straße 1943 (E)

Königstraße
um 1900 (A)

Wandsbek   Königstrasse.

Wandsbeker Straße/
Lübecker Straße
1907 (A)

Moorewood-Straße
1950 'A)

Moorewood-Straße
1985 (B)

Lübecker Straße/
Kampstraße 1905 (A)

Zollstraße 1907 (A)

Ahrensburger Straße
1950 (A)

Eichtalpark
um 1901 (A)

Der Eichtalpark

Ein Foto vom Eingang zum Eichtal-Park von 1901: Im Vordergrund sehen wir ein Wartehäuschen, die Straßenbahnschleife mit Straßenbahn und einige Schaffner und Fahrer. Bis hierher konnte man damals mit der Straßenbahn fahren. Wer weiter wollte nach Tonndorf und Rahlstedt, mußte damals den wackeligen Pferdeomnibus besteigen, wenn er nicht den Dampfzug von Hamburg nach Rahlstedt bevorzugte. Gegenüber dem Eingang zum Eichtal-Park steht das Denkmal des Gen.-Feldmarschalls Helmuth Graf von Moltke (1800—1891), dem großen Strategen in den Kriegen gegen Österreich 1866 und gegen Frankreich 1870/71.

Der Eingang des Eichtal-Parks wird heute von zwei Sphinxen belagert, welche zur Zeit des Schatzmeisters Schimmelmann die Wagenauffahrt dessen Hamburger Residenz, das «Gottorper Palais» in der Mühlenstraße, bewachten. (Siehe Bild d. Gottorper Palais S. 53.) Detlev von Liliencron hat ein kleines Gedicht auf die lieblichen Ungeheuer gemacht. Der Park selbst an der Wandse entlang lädt zum Spaziergang ein. Inmitten eines Rondells steht eine Frau, unbekleidet und nachdenklich. Sinnt sie, weil sie unbekleidet ist, oder hat sie vergessen, sich anzuziehen, weil sie in Gedanken war?

Moltke-Denkmal
an der Ahrensburger Straße (B)

Sphinx in Rosen

Aus weißem Stein geformt, im Junigarten,
Liegt eine Sphinx, die greulichste der Katzen.
Es küssen ihr die zierlichsten Standarten,
Die Rosen, windgeschaukelt, leicht die Tatzen.
Das Untier schweigt, die Lippen offenbarten
Wie schon zu Ramses Zeiten — leere Fratzen.
Und schweigt, und schweigt, und läßt auf Antwort warten —
Im stillen Garten schwatzen nur die Spatzen.

Detlev v. Liliencron

Sphinx am Eingang des Eichtalparks (B)

Denkmal im Eichtalpark (B)

Im Bezirk Wandsbek haben sich über 100 Grenzsteine erhalten — wichtige Zeugen einer wechselvollen Geschichte. Zwei dieser Grenzsteine haben wir hier abgebildet. Der eine ist der berühmte Grenzstein von 1573 des Grafen Rantzau. Auf der einen Seite ein großes W = Wandsbek und dann der Name Hinrich Ranzo (W). Das «W» ist im Laufe der Zeit weggeschlagen worden. Auf der anderen Seite des Steines nach Barmbek hin steht oben eine Zehn. Das ist die Numerierung des Grenzsteines. Es ist der 10. Stein des Hospitals zum Heiligen Geist, das als Kennzeichen einen Kreis mit einem Kreuz darin hat. Darunter steht ein B = Barmbek. Diesen interessanten Stein finden wir an der Ecke Mühlenstraße und Eilenau.

Der zweite hier abgebildete Stein steht zwischen Kupferteichabfluß und Sonnenweg. Der Stein stammt aus dem Jahre 1831. GW = Gut Wandsbek. Auf der anderen Seite trägt der Stein die Buchstaben St H = Stadt Hamburg.

Damit haben wir einen ersten Rundgang beendet.

Noch eine Bemerkung: Der Bezirk Wandsbek ist in seiner heutigen Gestalt durch das Reichsgesetz vom 26. Januar 1937 entstanden. Die Idee aber, die Städte Hamburg, Altona, Wandsbek und Harburg-Wilhelmsburg zu einem Stadtstaat zusammenzufassen unter Beifügung weiterer Gemeinden und dafür die Städte Geesthacht, Cuxhaven und weitere Gemeinden aus Hamburg ausscheiden zu lassen, diese Idee hatte keineswegs der «größte Führer aller Zeiten». Genau wie die Idee der Autobahn hatten lange vor Hitler weit vorausschauende Kommunalpolitiker den Plan, das konkurrierende Gegeneinander von vier zusammengewachsenen Städten zu einem Staat zusammenzufassen. Das hat sich in vielerlei Hinsicht positiv ausgewirkt. Zu beachten ist aber, daß alle vier Städte, die heute eine Stadt sind, ihre Geschichte und ihr Eigenleben bewahrt haben. So ist auch Wandsbek — und das macht auch den Reiz dieser Publikation aus — einerseits ein Hamburger Bezirk und andererseits eine eigenständige Stadt mit einem interessanten geschichtlichen Hintergrund geblieben.

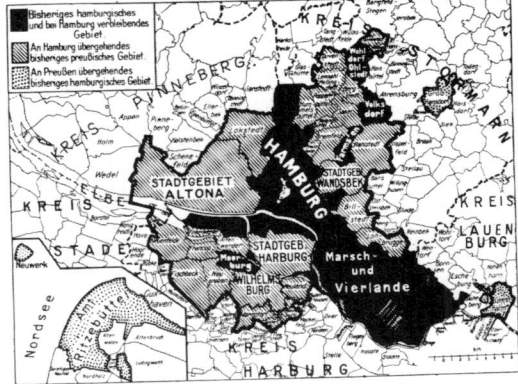

Rahlstedter

Neueste Nachrichten
(Rahlstedter Beobachter)

Amtliches Verkündigungsblatt für Amt und Gemeinde Rahlstedt

Verkündigungsblatt aller hiesigen und vieler auswärtigen Behörden.

Bewährtes Anzeigenblatt für die Gemeinden Rahlstedt, Wandsbek-Tonndorf, Stapelfeld, Stellau, Braak, Siel, Langelohe, Papendorf, Stemmarde, Kronshorst, Willinghusen, Barsbüttel, Wandsbek-Jenfeld, Farmsen, Berne, Saßel, Volksdorf, Bergstedt und Wohldorf.

Nr. 22   Mittwoch, den 27. Januar 1937.   34. Jahrgang.

Gesetz über Groß-Hamburg.

Groß-Hamburg-Gesetz (G)

Rantzau Stein (B)

Grenzstein zwischen
Gut Wandsbek
und der Stadt Hamburg
am Kupferteichabfluß (B)

37

Dr. Renate Schneider,
Landesarchäologin
der Freien und Hansestadt Hamburg (C)

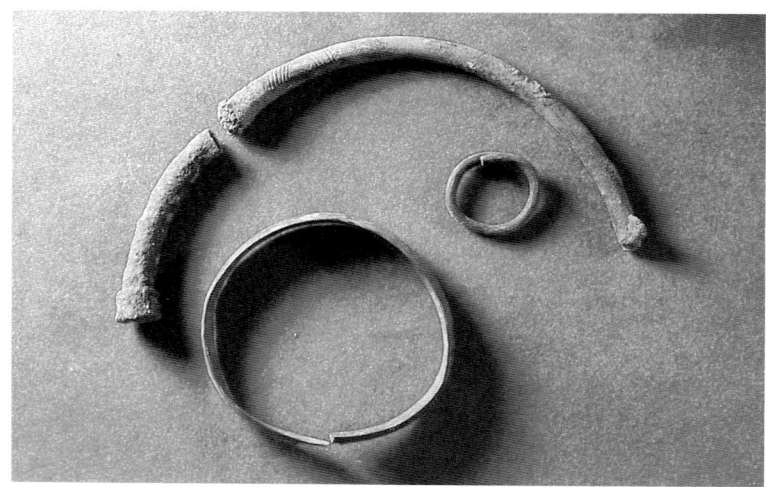

Vorrömische Eisenzeit, Schmuckbeigabe aus Bronze (Urne)
Halsring, Armreif, Fingerring: Friedhof von Volksdorf (K)

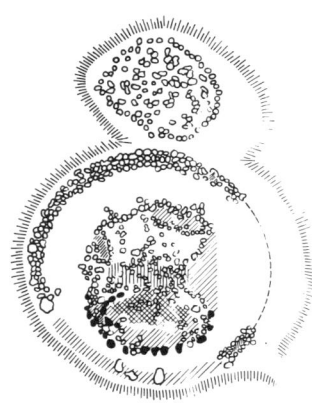

Wellingsbüttel
Bronzezeitl. Grabhügel „Knasterberg"
Grabung R. Schroeder 1933

Ältere Bronzezeit,
Grundriß eines Grabhügels:
Wellingsbüttel (K)

Den «Urwandsbekern» auf der Spur

von
Dr. Renate Schneider
Landesarchäologin der Freien und Hansestadt Hamburg

Betrachten wir den Stadtstaat Hamburg als archäologisches Arbeitsgebiet, so erweist er sich als willkürlich herausgeschnitten aus großen Kulturlandschaften, deren Wurzeln weit in ur- und frühgeschichtliche Zeiten zurückreichen. Die heute im Hamburger Gebiet zusammengefaßten Gemarkungen standen in ur- und frühgeschichtlicher Zeit wiederholt im Brennpunkt der Ereignisse, und dies zu ganz unterschiedlichen Zeiten.

Das allgemeine Interesse an der Archäologie ist in den letzten Jahren erheblich gestiegen. Verwundert fragt man sich, woher das wohl kommt. Einer der Gründe für diese Entwicklung ist sicherlich darin zu suchen, daß sich sowohl die Forschungsziele als auch die Methoden der Archäologie ganz wesentlich verändert haben. Eine Art von «stiller Revolution» lenkte den Blick des Archäologen von den schönen Einzelfunden als Gegenstand seiner Betrachtungen weg und führte ihn hin zu einer umfassenden Rekonstruktion vergangener Gesellschaften.

Vorrömische Eisenzeit,
Teil einer Gürtelschließe
aus Eisen (Gürtelhaken),
Friedhof von Volksdorf
(Urnenbeigabe) (K)

Jüngere Bronzezeit,
Hängegefäß (Ausschnitt),
Depot von Volksdorf (K)

Ältere Bronzezeit,
reichverzierter Zierbuckel
aus Bronze,
wahrscheinlich
vom Schwertriemen:
Wellingsbüttel (K)

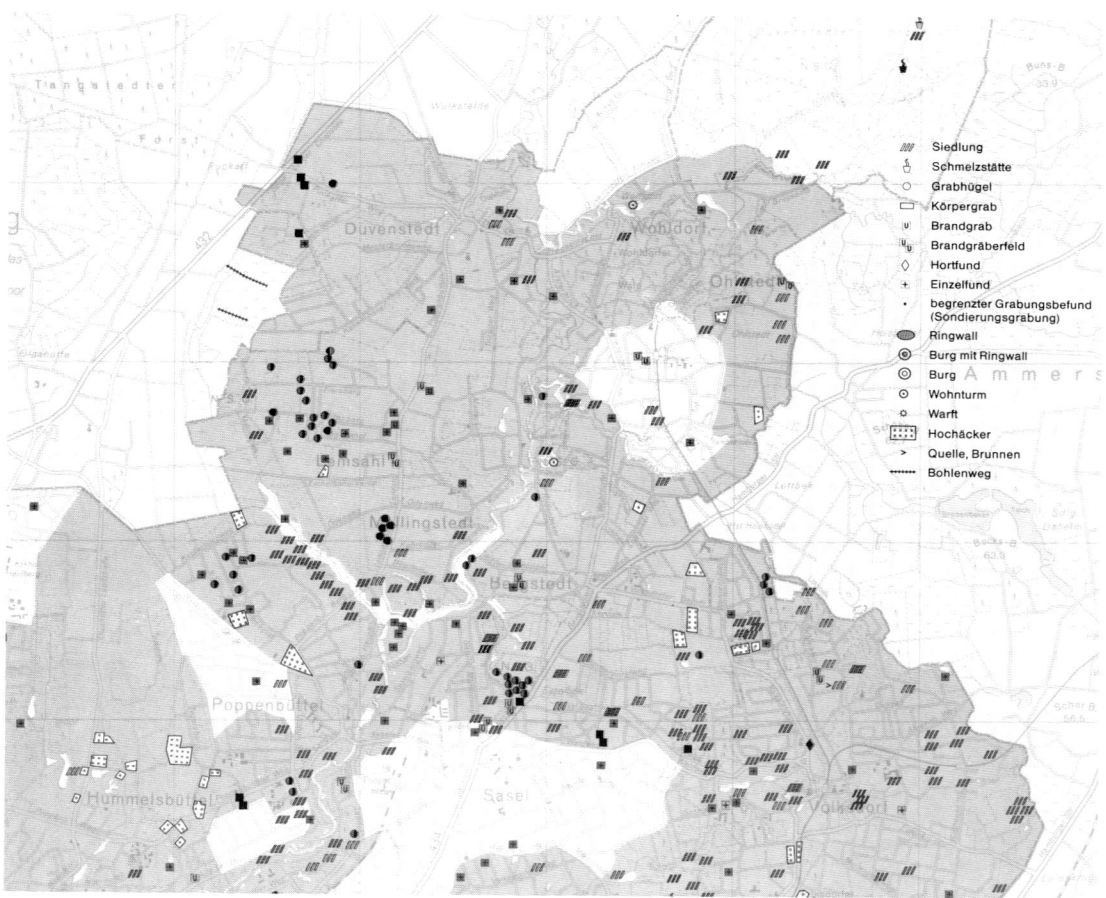

Archäologische Fundkarte Bezirk Wandsbek (K)

Siedlung
Schmelzstätte
Grabhügel
Körpergrab
Brandgrab
Brandgräberfeld
Hortfund
Einzelfund
begrenzter Grabungsbefund
(Sondierungsgrabung)
Ringwall
Burg mit Ringwall
Burg
Wohnturm
Warft
Hochäcker
Quelle, Brunnen
Bohlenweg

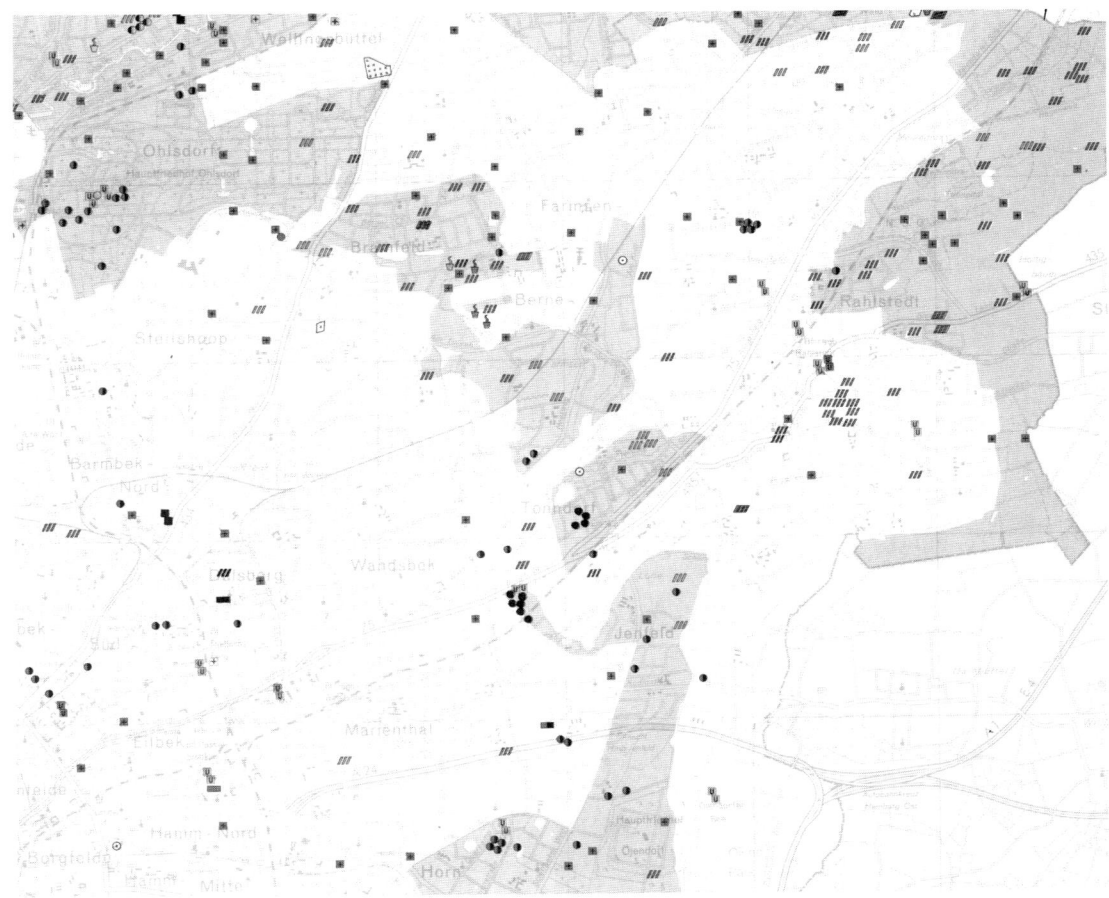

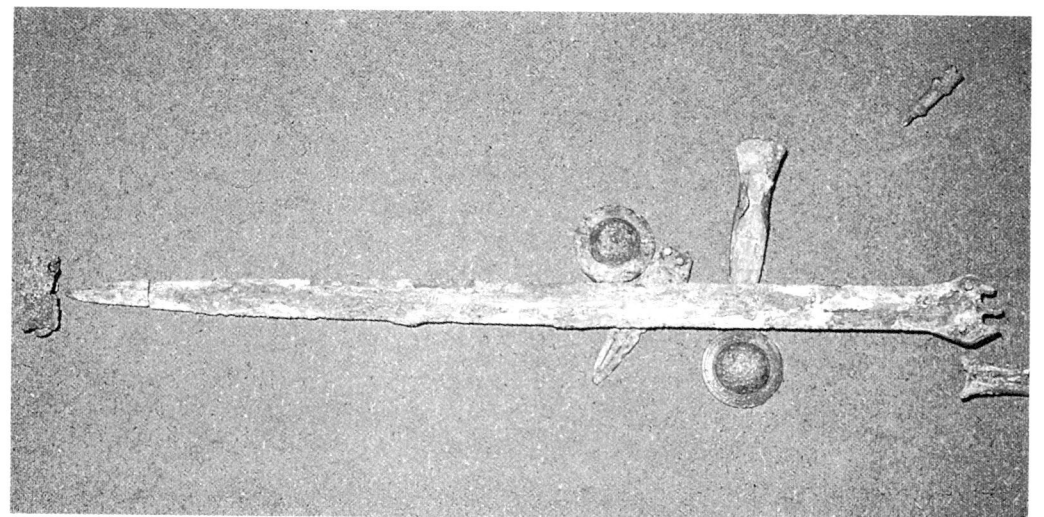

Ältere Bronzezeit,
Grabbeigabe in Fundlage:
Wellingsbüttel (K)

Vorrömische Eisenzeit,
Urne: Friedhof
von Volksdorf (K)

Das bedingte die Ausbildung neuer Forschungsverfahren unter Verwendung hochspezialisierter Untersuchungstechniken und Geräte. Chemie, Physik, Anthropologie, Biologie und Zoologie, aber auch Computer-Mathematik und Technologie bilden zusammen mit den rein archäologischen Verfahren das Methodenspektrum, das den komplexen Fragestellungen der modernen Altertumsforschung angemessen ist.

Was Hamburg als Denkmalort von vergleichbaren großstädtischen Arbeitsgebieten positiv abhebt, sind die von der Geländebeschaffenheit her günstigen Siedlungsbedingungen seiner Gemarkungen im Westen, Norden und Osten, die wenigstens teilweise noch ungestörtes Gelände bieten. So gewinnt Hamburg in weiten Bereichen unter dem Aspekt der Landesarchäologie den Charakter eines Flächenstaates.

Im Bereich Hamburg sind grundsätzlich alle prähistorischen Epochen vertreten. (Siehe Fundkarte S. 41.) Einige der Fundkomplexe gingen sogar namengebend in das Vokabular der archäologischen Wissenschaft ein.

Hier einige Beispiele, die vor allem auch den Bezirk Wandsbek betreffen.

Die norddeutsche Rentierjägerkultur der sog. Hamburger Stufe (ab ca. 14 000 v. Chr. Geb.) und der darauffolgenden Ahrensburger Stufe (ab ca. 9 000 v. Chr.) wird erfaßt am Hochufer der Alster bei Wellingsbüttel, im Meiendorfer Tunneltal (siehe Foto S. 45), an den Uferrandsiedlungen kleinerer, längst verlandeter Gewässer, die eine Querverbindung zwischen den Hauptjagdgebieten der Rentierleute im Alstertal und im Meiendorfer Tunneltal herstellen. Die Fundplätze der Meiendorfer und Ahrensburger Prägung sind nach dem Gerätebestand überwiegend osteuropäisch bestimmt.

Das paläolothische Fundgut ist insgesamt dank sehr feiner formaler Unterschiede geeignet, die Aufeinanderfolge arktischer und wärmeliebender Menschengruppen herauszuarbeiten, wie auch mittels der Grabungsbefunde ein nahezu vollständiges Lebensbild einschließlich des kultischen Brauchtums zu zeichnen.

Ausgrabungsplätze, von denen weiterführende Ergebnisse zur Steinzeitforschung zu erwarten sind, liegen heute vor allem noch in den Talrändern von Sasel, Bergstedt, Volksdorf, Meiendorf und Wellingsbüttel.

Die Kenntnis der Jüngeren Steinzeit (3000 v. Chr. Geb.—1500 v. Chr. Geb.) im Raum Hamburg wird dadurch beeinträchtigt (und einseitig auf die Fundgattung der Wohnplätze verwiesen) — daß die entsprechenden Grabanlagen aus dem Bild der Großstadt verschwunden sind. Das Steinmaterial der Großsteingräber wurde in den Stadtwällen, den Kaimauern der Fleete und Uferabsteifungen während des Mittelalters und der Neuzeit weiterverwendet. Dank literarischer Überlieferung sind Großsteingräber bekannt u. a. aus Sasel und Rahlstedt. Die Anzahl der einstigen Grabanlagen dürfte in etwa der heute im Sachsenwald noch erhaltenen Menge von Steingräbern entsprechen.

Für den Bereich Religion, Grabsitte und Jenseitsvorstellung bietet Hamburg um 1800 v. Chr. Geb. ein in Norddeutschland einzigartiges Phänomen, nämlich Urnenfunde in geschlossenem Verband in einer Umgebung und zu einer Zeit, als der Grabbrauch traditionell nur die Ganzkörperbestattung zuließ.

Zu allen Zeiten mußte sich der Mensch mit der Erscheinung des Todes auseinandersetzen und darauf reagieren — sei es in Furcht und Abwehr einerseits, sei es in Fürsorge für den Toten andererseits, also mit ambivalenten Gefühlen und Verhaltensweisen. Der Mensch der Urzeit lebte unter anderen Bedingungen als wir: Die Grundlagen seiner Existenz, sowohl wirtschaftlicher als auch gesellschaftlicher Art, unterschieden sich grundlegend von dem, was uns geläufig ist und unsere Maßstäbe, unser Denk- und Urteilsvermögen geprägt und somit auch begrenzt hat.

Aus der Epoche der Älteren Bronzezeit (1500 v. Chr.–1000 v. Chr. Geb.) weist Hamburg heute noch insgesamt 50 obertägige Bodendenkmale auf, Reste eines Bestandes, der sich im 18. Jahrhundert noch auf 250 Objekte belief und ursprünglich weit über 400 Objekte umfaßt haben dürfte. Die großen Grabhügel liegen u. a. in Gr. Borstel, Ohlsdorf, Bergstedt, Farmsen, Lemsahl-Mellingstedt, Poppenbüttel und Volksdorf. Erweitert wird dieser Bestand um ein restauriertes Steinkistengrab (Rissen) und ein eingetieftes Steingrab mit Steinkranz, wiedererrichtet in Hummelsbüttel.

Aus dem Gesamtfundus der älteren Bronzezeit stammt der bedeutendste Fund aus Wellingsbüttel, Op de Worth 11.

Gegen Ende der jüngeren Steinzeit wurde hier ein Hügel aus sandigem Lehm über einem Grab aufgeworfen, den man später mit weiteren Gräbern belegte. Für das letzte Begräbnis aus der Älteren Bronzezeit (ca. 1300 v. Chr.) wurde die Hügelanlage erweitert und der Tote in NO/SW-Richtung beigesetzt. Auf seine Brust wurde ein Bronzeschwert mit Schwertscheide, von der das bronzene Ortband übriggeblieben ist, sowie ein Pfriem, ein Beil und ein kleiner Dolch gelegt. Vom Schwertriemen sind die kostbaren, reich verzierten Bronzebuckel, mit denen er besetzt war, erhalten geblieben. Dieser Fund ist von ganz besonderer Bedeutung, da die Beigaben teils aus rein nordischen, teils aber aus hierzulande fremden Formen bestehen.

Nordisches Formengut sind der Dolch mit breiter Mittelrippe und geradem Heftabschluß, das ovale, längsgeriefte Ortband, der Pfriem, dessen Griff im unteren Teil aus einer bronzenen Tülle besteht, in die ein Schaft aus vergänglichem Material gesteckt wurde, und die beiden Zierbuckel mit wellenbandförmiger Verzierung.

Das «Mittelständige Lappenbeil» (Vorläufer des Tüllenbeils) und das Schwert von Wellingsbüttel stehen in mitteleuropäischer Handwerkertradition. Vergleichbare Formen sind bes. aus der süddeutschen Hügelgräberkultur bekannt.

Die Jüngere Bronzezeit (1000 v. Chr.–500 v. Chr.) hat keine obertägigen Bodendenkmale hinterlassen. Zwar wurden die Hügel der voraufgegangenen Zeit weiterbe-

Stellmoorer Tunneltal, zahlreiche Funde von Rentierjägern, die dort vor ca. 14 000 Jahren wohnten und jagten (B)

nutzt, neue Monumente dieser Art werden jedoch nicht angelegt. Ersetzt wird diese Objektgruppe durch ausgedehnte Gräberfelder, nachgewiesen in Hummelsbüttel und Bergstedt.

Eine neue Fundgattung tritt nach dieser Zeit in Hamburg ergänzend zu den Siedlungs- und Grabfunden, nämlich die Hort- oder Depotfunde, wobei es sich im Einzelfall um Händler- oder Gießerdepots, Selbstausstattung für das Jenseits, magische Grenzmarkierungen u. ä. handeln kann. Der bekannteste und größte Hamburger Depotfund stammt aus Volksdorf.

Beim Ausschachten der elektrischen Hochbahnstrecke Volksdorf-Wohldorf wurde ein großes Tongefäß freigelegt, das selbst zwar leider zerbrach und dessen Scherben fortgeworfen wurden, das jedoch folgende Schätze enthielt:

— einen bronzenen gedrehten Halsring mit ovalen Schmuckplatten und vierkantigem Spiralscheibenverschluß,
— einen weiteren gedrehten Halsring mit Hakenverschluß,
— zwei Armspiralen,
— und ein Hängegefäß.

Insgesamt gesehen ein Fund aus der Zeit um 650 v. Chr. Geb.

Ist Hamburg für die bronzezeitlichen Epochen noch relativ arm an Metallgegenständen, so ändert sich das mit der vorrömischen Eisenzeit (500 v. Chr. Geb.—um das Jahr 0) entscheidend. Die vermehrte Bodenfeuchtigkeit förderte in den sumpfigen Talauen die Bildung von Raseneisenstein, der, anders als die Bronze, in eigener «hamburgischer» Produktion gewonnen und weiterverarbeitet werden konnte. Der kausale Zusammenhang zwischen dem Gebrauch von Eisengerät, der Veränderung der Wirtschaftsmethoden, dem Anstieg der Bevölkerungsdichte und der verstärkten Dorfbildung verdichtet das Bild. Ausgedehnte Gräberfelder u. a. in Sasel, Hummelsbüttel, Volksdorf und Poppenbüttel belegen dies.

Zahlreiche Objekte, von denen einige wenige hier abgebildet sind, stammen vom Gräberfeld in Volksdorf. Um diesen reichen Fundstoff noch differenzierter auswerten zu können, muß das Material durch die Ergrabung der zugehörigen Wohnplätze ergänzt werden, die bislang nur in Bergstedt, Volksdorf und Rahlstedt in brauchbarem Umfang erfaßt werden konnten.

Tycho Brahe, Astronom (G)

Die Wandesburg (A)

Adel verpflichtet:

Heinrich Graf Rantzau, Heinrich Carl Freiherr von Schimmelmann,
Achim Helge Freiherr von Beust

Drei Adlige werden vorgestellt, die untrennbar mit der Entwicklung Wandsbeks vom winzigen Dorf zur modernen Großstadt verbunden sind. Was sie taten, soll kurz geschildert werden. Heinrich Graf Rantzau war von 1564 bis 1598 Eigentümer des Gutes und Dorfes Wandsbek. Das Gut selbst wurde durch einen Pächter bewirtschaftet, die sieben oder acht Kätner des Dorfes bewirtschafteten eigene Ländereien und wurden ein bis zwei Tage in der Woche zur Arbeit auf dem Gut herangezogen. Sie waren keine Leibeigenen. Rantzau, im Gegensatz zu der Mehrheit seiner Standesgenossen ein hochgebildeter Mann, war ein geschickter Ökonom und Kaufmann. Er ist es, der die Wasserkraft der Wandse durch den Bau von Mühlen voll ausnutzt. Neben der Landwirtschaft entstehen die ersten größeren handwerklichen Betriebe, wie eine Pulvermühle, Bandreißereien, eine Ziegelei und Leinenwebereien. Rantzau läßt das alte Herrenhaus in Wandsbek abreißen und ersetzt es durch eine solide Wasserburg, die Wandesburg. Zwischen Oktober 1597 und Michaelis 1598 hat Rantzau einen hoch berühmten Verwandten als Gast in Wandsbek: den dänischen Astronomen

Tycho Brahe. Tycho Brahe gilt bis heute als der bedeutendste beobachtende Astronom vor der Erfindung des Fernrohrs. Es ist allerdings falsch, ihn — wie es oft geschieht — in einem Atemzug mit Kopernikus, Keppler und Galileo Galilei zu nennen, die das wissenschaftlich abgesicherte Weltbild — mit der Sonne als ruhendem Mittelpunkt unseres Planetensystems — schufen-. Daran hatte Tycho Brahe kaum Anteil. Brahe hatte 20 Jahre lang seine astronomischen Beobachtungen auf der Insel Hven durchgeführt, finanziert vom dänischen Königshaus. Als nun Christian IV. ihm die finanzielle Unterstützung streicht, verläßt Brahe seine Heimat. Wandsbek dient ihm als Zwischenstation und Sprungbrett, denn Brahe möchte sich am Hofe des für Astronomie aufgeschlossenen Kaisers Rudolph II. in Prag niederlassen. Das gelingt ihm mit einem Buch, das Tycho Brahe auf einer eigenen Druckpresse in Wandsbek herstellt und das er dem Kaiser als Prachtexemplar in rotem Pergament mit Golddruck durch seinen Sohn überreichen läßt. Das Buch «Mechanik der erneuerten Astronomie» (der Originaltitel ist lateinisch), das einen Tätigkeitsbericht des Astronomen und die Beschreibung der von ihm erfundenen und benutzten astronomischen Instrumente enthält, ist das früheste in Wandsbek gedruckte Buch. 1598, nach einjährigem Aufenthalt in Wandsbek, zieht Tycho Brahe weiter nach Prag, wo er allerdings nur ein kurzes Glück genießt, denn 1601 stirbt er überraschend im 54. Lebensjahr.

Hatte Graf Rantzau im 16. Jahrhundert die Entwicklung Wandsbeks zu einem bedeutenden Gut mit dem Handwerk als zweitem Erwerbszweig aufgebaut und erfolgreich gefördert, so entwickelt im 18. Jahrhundert der Freiherr von Schimmelmann Wandsbek zu einem Ort mit bedeutendem Gewerbe und Handwerk. Die Kattundruckerei steht an erster Stelle, und die insgesamt fünf Wandsbeker Kattundruckereien beschäftigen bis zu 1500 Arbeiter. Hinzu kommen mehrere Mühlen, zwei Brauereien und weitere Handwerks- und Gewerbebetriebe. Wandsbek ist ja noch heute ein Gebiet mit einer bedeutenden Industrie. Man kann sagen, daß der Freiherr von Schimmelmann dazu vor 200 Jahren den Grundstein gelegt hat. Rückblickend muß betont werden, daß Schimmelmann zu den bedeutendsten deutschen Frühkapitalisten des 18. Jahrhunderts zu zählen ist. Hier kurz sein Lebenslauf: Schimmelmann wird 1724 in Vorpommern als Sohn eines Kaufmanns geboren. Nach der Handelslehre läßt er sich 1746 zunächst als Kaufmann in Dresden nieder. Er handelt mit Kaffee, Tabak und Zucker. Schon 1753 pachtete er die Steuereinnahmen auf Kaffee für Dresden, kurze Zeit später ist er einer der Steuereinnehmer für das ganze Königreich (Kaffee, Wein, Schnaps, Tabak). Die damaligen Fürsten pflegten die Steuereinnahmen zu verpachten. Als bei Ausbruch des Siebenjährigen Krieges Friedrich der Große mit seinen Truppen Sachsen besetzt, schlägt Schimmelmanns große Stunde. Friedrich beauftragt den immer noch jungen Mann, der die sächsische Wirtschaft genau kennt und Handelsbeziehungen weit über das Königreich hinaus hat, mit den Getreidelieferungen für das preußische Heer während des gesamten Krieges. Daran verdient Schimmelmann sein erstes Vermögen, und als der König knapp bei Kasse ist, läßt sich Schimmelmann den gesamten Vorrat der berühmten Meißner Porzellanmanufaktur an Zahlungs Statt übereignen. Mit diesem Schatz, in 110 Kisten verpackt, landet Schimmelmann 1757 mit seiner Familie und seinen Mitarbeitern per Schiff aus Dresden kommend im Hamburger Hafen. In der Mühlenstraße, in der Nähe der Michaeliskirche, erwirbt er ein schönes Haus, das später das «Gottorper Palais» genannt wird. Das Meißner Porzellan, das Schimmelmann in Hamburg versteigern läßt, erweist sich als eine erstklassige Geldanlage. Schon zwei Jahre später kauft Schimmelmann Gut und Schloß Ahrensburg und 1762 das Gut Wandsbek. Durch die Hände Schimmelmanns gehen in Hamburg die englischen Unterstützungsgelder für Friedrich den Großen, und er saniert kurze Zeit später (nach 1761) das dänische Staatswesen, das praktisch bankrott ist. Das bringt ihm die Würde eines Freiherrn ein, aber auch die Kopenhagener Zuckerraffinerie, eine dänische Gewehrfabrik und Zuckerplantagen auf drei Inseln vor Mittelamerika (Westindien). Sein riesiges Vermögen erwirbt Schimmelmann vor allem durch den Handel, der sich in dem Dreieck Hamburg — afrikanische Westküste — Westindien — Hamburg vollzieht. Von Hamburg nach Westafrika verschifft Schimmelmann Kattun, Schnaps, Gewehre (dabei sind natürlich die Wandsbeker Kattunstoffe, Wandsbeker Schnaps und dänische Gewehre). Von Westafrika verschifft Schimmelmann Sklaven nach Amerika. Und von seinen Plantagen auf den drei Inseln vor der mittelamerikanischen Küste läßt er Rohrzucker und Gewürze nach Hamburg bzw. nach Kopenhagen bringen, wo in seiner Zuckerraffinerie Rohrzucker verarbeitet wird. Das war der Kreislauf eines weltweiten Unternehmens. Seine größte politische Tat aber war nicht die Sanierung des dänischen Staates, sondern die Schaffung der endgültigen Unabhängigkeit Hamburgs von Dänemark. Zwar hatte zuletzt 1618 das Reichskammergericht in Wetzlar Hamburg den Status einer reichsunmittelbaren und unabhängigen Stadt bestätigt, aber die dänische Krone hatte das nie anerkannt, und der Hamburger Senat fühlte sich sehr verunsichert. Da war es ein Glück, daß Dänemark mit vielen Millionen bei Hamburg verschuldet war. Schimmelmann war es, der 1768 den für Hamburg so wichtigen «Gottorper Vergleich» zustande brachte, einen Vertrag zwischen Dänemark und Hamburg. Auf Schloß Gottorp bestätigte die dänische Krone nicht nur ausdrücklich die Reichsunmittelbarkeit der Hansestadt Hamburg, sondern sie wird auch ihre Schulden gegenüber Hamburg los und bekommt einige Dörfer zurück, die 1750 an Hamburg verpfändet worden waren. Dafür erhält Hamburg einige «wertlose» Elbinseln und Halbinseln. Später hätte man dieses Territorium mit Gold aufgewogen, denn es wurde der wichtigste Teil des heutigen Hamburger Welthafens.

Schimmelmann wird von der dänischen Krone hoch geehrt. Er wird, wie wir schon erwähnten, Freiherr und Mitglied der schleswig-holsteinischen Ritterschaft.

Hamburg ehrte Schimmelmann nicht, obwohl er sich wegen seiner erfolgreichen diplomatischen Tätigkeit schon ein Denkmal in der Hansestadt verdient hätte. In der Heimat-Geschichtsschreibung wird Schimmelmann nicht immer positiv beurteilt. Er sei ein «Neureicher», ein «Emporkömmling» gewesen, und er hätte anrüchige Geschäfte gemacht, womit vor allem der Sklavenhandel gemeint ist. Wäre Graf Rantzau, ein späterer Nachfahre des oben genannten Grafen, nicht pleite gewesen, Schimmelmann hätte nicht für 180 000 Taler Ahrensburg kaufen können. Der Uradel hatte oft mehr Schulden als Haare auf dem Kopf, und wenn man nachforscht, woher der deutsche Uradel einstmals (als Adam grub und Eva spann, wo war denn da der Edelmann?) sein Eigentum hatte, dann stoßen wir nicht selten auf ganz einfache Straßenräuberei. Und die unsauberen Geschäfte? Es gibt sehr hochgeachtete Hamburger Kaufmannsfamilien, deren Reichtum unter anderem auch aus solchen trüben Quellen wie Sklavenhandel, Opiumhandel oder Waffengeschäften stammt. Die Quellen des Reichtums sind meistens trübe und schmutzig und keineswegs eine kristallklare Heilquelle. Da ist Schimmelmann keine Ausnahme. Sein Sohn übrigens, Heinrich Ernst Graf von Schimmelmann (1747–1831) sprach sich entschieden gegen den Sklavenhandel aus. Er war es, der gemeinsam mit dem Prinzen von Augustenburg den notleidenden Friedrich Schiller unterstützte.

Es war ein Glück für Wandsbek, daß Graf Schimmelmann das Gut erwarb. Er zog Fabrikanten und Handwerker in den Ort und legte so den Grundstein für das moderne Wandsbek. In Wandsbek konnte sich eine für das 18. Jahrhundert schon moderne Industrie in Ansätzen entwickeln, die es in dem großen und mächtigen Hamburg nicht gab. Die starre Ordnung der Handwerkerzünfte in der Hansestadt verhinderte bis weit ins 19. Jahrhundert hinein jede Art von Industrialisierung und freier handwerklicher Tätigkeit. Die «Luft» war im 18. Jahrhundert in Wandsbek entschieden freier als in dem streng reglementierten Hamburger Polizeistaat, der so liberal nicht war, wie er immer hingestellt wurde. Die Freiheit in ökonomischer Hinsicht in Wandsbek, die fast durchweg von den Grundeigentümern gefördert wurde, fand ihre Ergänzung in geistiger Freiheit (noch stärker übrigens in Altona) und auch in einer freieren Lebensführung der Menschen bis hin zum Amüsierbetrieb und dem Schutz der dorthin geflüchteten Schuldner. Schimmelmann förderte jeden tüchtigen Handwerker und Industriellen, der sich in Wandsbek niederlassen wollte, durch Landzuteilung, Kredit für Häuserankauf und Produktionsstart. Manchmal schien es so, als verschenkte er Geld. Aber das war nicht so. Seine großzügige Ansiedlungspolitik zahlte sich materiell vielfach aus. Der Freiherr von Schimmelmann veränderte Wandsbek auch in baulicher Hinsicht. Die alte Wandesburg wurde abgerissen, nur

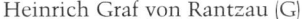

Heinrich Graf von Rantzau (G)   Heinrich Carl von Schimmelmann (G)   Achim-Helge Freiherr von Beust (E)

der Turm blieb stehen, von dem aus Tycho Brahe die Sterne beobachtet hatte. An Stelle der Wandesburg ließ Schimmelmann zwischen 1772 und 1778 ein kleines Schloß errichten, das innen kostbar ausgestattet wurde. Leider stand dieses Schloß nur 83 Jahre, dann wurde es von dem Bodenspekulanten Carstenn abgerissen und das Land parzelliert.

An Schimmelmann erinnert heute das einzige im alten Wandsbek wohlerhaltene Gebäude, das aber sicher von der Mehrheit der Wandsbeker noch nie betreten wurde: das Schimmelmannsche Mausoleum von 1791, das neben der Christuskirche steht. Erbaut wurde es von dem Baumeister Carl Gottlob Horn, der auch das Wandsbeker Schloß erbaute. Es ist ein kostbarer klassizistischer Bau, wie wir ihn in Norddeutschland nur selten sehen. Zum Glück wurde die Zweckentfremdung des Mausoleums nach dem Zweiten Weltkrieg als Gefallenen-Ehrenmal bald wieder aufgehoben. Nach einer Restaurierung können wir das Innere des Mausoleums mit den Särgen des Freiherrn und seiner Frau Caroline Tugendreich bewundern. Am Geiz der Frau Schimmelmann scheiterte übrigens ein noch prächtigeres Äußeres des Mausoleums.

Nun zu dem dritten Adligen: Achim Helge Freiherr von Beust, der heute seinen Lebensabend in einem Blockhaus inmitten des Duvenstedter Brooks verbringt. (Das Blockhaus hatte sich mitten im Naturschutzgebiet eine Nazigröße errichten lassen. Von Beust wohnt dort als Mieter der SAGA.) Von Beust war von 1954 bis 1980 Bezirksamtsleiter von Wandsbek. Damit ist die gesamte Aufbauphase der empfindlich durch Bomben zerstörten Stadt (vor allem Alt-Wandsbek und Eilbek) mit seinem Namen und seiner Tätigkeit verbunden. Dabei muß übrigens bemerkt werden: Je mehr wir uns zeitlich von dieser Aufbauphase entfernen, desto kritischer stehen wir ihr gegenüber, ohne das Lebenswerk des Freiherrn von Beust in irgendeiner Weise schmälern zu wollen. Schärfer als damals erkennen wir die Stärken und Schwächen der damaligen Aufbauarbeit. Als von Beust 1954 Bezirksamtsleiter wurde, fand er eine sehr heterogene Situation vor. Da gab es den Kern des Gebietes, die frühere Stadt Wandsbek, die in einigen Teilen schon neu aufgebaut war. Teile von Eilbek waren auch schon wieder aufgebaut. Außerdem fand der neue Bezirksamtsleiter viele Pläne für den Aufbau vor, die im Genehmigungsverfahren waren. Er kam mitten in einen Streit hinein, dessen Kernpunkt darin bestand, ob man größere Kleingartenflächen zugunsten des Neubaus von Wohnungen im Bezirk Wandsbek opfern sollte. Es gab große Kleingartenflächen in Wandsbek-Gartenstadt, in Steilshoop und in Bramfeld. Die SPD, die sich zu dieser Zeit in Opposition in der Bürgerschaft befand, war in einer sehr prekären Situation. Einerseits sah sie, daß es notwendig war, Kleingartenflächen zugunsten des Neubaus zu opfern, denn viele Tausend Menschen, Flüchtlinge, Obdachlose waren nach Kriegsende nach Wandsbek geströmt. Auf der anderen Seite gab es den Landesverband der Kleingärtner, der sich mit Händen und Füßen wehrte. Und die Mitglieder des Landesverbandes waren traditionell Wähler der Sozialdemokratischen Partei. In diesen Streit zwischen dem bürgerlichen Hamburg-Block, der zu dieser Zeit regierte, und der oppositionellen SPD geriet von Beust mitten hinein. Es mußten aber Lösungen gefunden werden, denn es war zu diesem Zeitpunkt schon abzusehen, daß sich zuwenig Bauland im Eigentum des Staates befand. Der Staat war deshalb in einer schwierigen Situation, weil für den Neuaufbau vor allem nur landwirtschaftlich genutzte Flächen zur Verfügung standen. Die Bauern wehrten sich damals gegen den Verkauf ihres Grund und Bodens, so daß der Staat im freien Kauf und Verkauf zunächst kaum bäuerliches Eigentum erwerben konnte. Auch die Baugesellschaften, insbesondere die Baugenossenschaften, suchten dringend freie Flächen für den Wohnungsbau. Und sie verfügten nicht über ausreichende Mittel, um allein auf dem freien Markt Grund und Boden erwerben zu können. Das war eine schwierige Situation. Aber da gab es weitere Schwierigkeiten, denn der neue Bezirksamtsleiter fand ein Bezirksamt vor, dessen Stellenausstattung schon lange nicht mehr in einem vernünftigen Verhältnis zu der Einwohnerzahl stand. 1954 begann der Wiederaufbau im beschleunigten Maße, und in den Jahren bis 1970 wuchs die Einwohnerzahl des Bezirkes Wandsbek um 150 000 Menschen. Das ist vergleichsweise zweimal die heutige Einwohnerschaft von Lüneburg oder von Marburg. Noch zwei Vergleiche: Schon 1950 hatte der Bezirk Wandsbek mit 221 000 Einwohnern ungefähr 20 000 Einwohner mehr als das heutige Kassel. 1983 hatte Wandsbek mit 374 000 Einwohnern ungefähr so viele Einwohner wie die Städte Gelsenkirchen und Fulda zusammen. Das nur zum Vergleich, damit man sich vorstellen kann, welche Aufgaben das Bezirksamt damals zu bewältigen hatte. Natürlich sollte das Bezirksamt kein Wasserkopf werden, aber trotzdem war es schwierig, fähige Mitarbeiter zu finden, da man damals bei der Behörde wenig Geld verdienen konnte. Die Wohnungsnot war groß, es mußten sehr schnell für viele Menschen Wohnungen geschaffen werden. Es wurde schnell gebaut, und städtebauliche Gesichtspunkte spielten nicht gerade eine Hauptrolle. Die Masse der Wohnungen sollte es bringen. Trotzdem wurden Siedlungen geschaffen, die auch heute noch vor dem Urteil der Öffentlichkeit bestehen können. Merkwürdig ist, daß die Uniformität vieler Bauten, die jedem heute ins Auge fällt, damals nicht auffiel. Der Drang zur Differenzierung war nicht so groß wie heute. Das Bautempo und die Baukosten bestimmten weitgehend das Bild der Planung. Es wurden durchaus vorbildliche Siedlungen geschaffen wie zum Beispiel die Siedlung Hohenhorst. Die bäuerlichen Flächen, die für neue Siedlungen gebraucht wurden, wurden nach und nach erworben, wobei der Behörde entgegenkam, daß viele Söhne, zum Beispiel der Bramfelder Gemüsebauern, die Betriebe der Väter nicht weiterführen wollten. Und es gab auch durch die Baulandpreise einen großen materiellen Anreiz.

Als außerordentlich positiv muß vermerkt werden, daß es beim Wiederaufbau in Wandsbek von Anfang an das Bewußtsein gab, die vorhandenen Grünflächen zu erhalten oder sogar zu erweitern. So wurde der Eilbeker Bürgerpark geschaffen, so wur-

Palais des Grafen Schimmelmann in Hamburg, Mühlenstraße. An der Wagenauffahrt sieht man die beiden Sphinxe, die heute am Eingang des Eichtalparks stehen (L)

de der Eichtalpark erweitert, so wurde der Wanderweg an der Wandse gestaltet. Der Gedanke, sich für reine Naturschutzgebiete einzusetzen, wurde allerdings erst später geboren.

Eine sehr harte Auseinandersetzung gab es beim Neuaufbau Wandsbeks wegen des Gegensatzes zwischen der traditionell angesiedelten Industrie und den Bewohnern der Neubauten. Die Industrie: Chemiebetriebe, Hefefabrik und Schokoladenfabrik belästigten mit ihren Ausdünstungen die Bewohner der umliegenden Wohngebiete. Die Probleme begannen, als in unmittelbarer Nachbarschaft der Fabriken Wohnhäuser entstanden. Wir müssen bedenken, daß es zum Beispiel 1964 in Wandsbek fast 200 Betriebe mit 17 500 Beschäftigten gab. Das war also nicht ein Problem, das man mit einer Handbewegung vom Tisch brachte. Hinzu kam, daß im Zeichen des wirtschaftlichen Aufschwunges die Produktion dieser Betriebe nicht etwa abnahm, sondern zunahm. Die Folge war, daß den Betrieben sehr strenge Auflagen hinsichtlich ihrer Immission erteilt werden mußten. Dabei wurde es trotzdem vermieden, daß durch diese Auflagen Betriebe schließen mußten.

Die negativen Einflüsse der Wandsbeker Industrie sind bis heute nicht vollständig beseitigt. Wenn wir uns den hier abgedruckten Ausschnitt aus der Hamburger Gewässer-Gütekarte von 1984 anschauen, dann werden wir feststellen, daß der untere Teil der Wandse (die hell gehaltenen Abschnitte) kritisch belastet ist, das heißt, es gibt hier Gewässerabschnitte mit Belastungen durch organische sauerstoffzehrende Stoffe, die einen kritischen Zustand bewirken; Fischsterben infolge Sauerstoffmangels ist möglich. Es gibt einen Rückgang der Artenzahl bei Makro-Organismen; gewisse Arten neigen zur Massenentwicklung; Algen bilden häufig größere Flächen bedeckende Bestände. Ein bestimmter Teil der Wandse, aber das ist der weitaus kleinere obere Teil, ist mäßig belastet und gut mit Sauerstoff versorgt.

So spiegelt der Wiederaufbau Wandsbeks die Stärken und auch die Schwächen im damaligen Bewußtsein der leitenden Persönlichkeiten wider. Wir wollen nicht ungerecht und besserwisserisch im negativen Sinne sein, aber hätte man sich an bestimmte Hamburger Bautraditionen erinnert, vor allem ist hier an Professor Fritz Schumacher zu denken, dann muß man erstaunt feststellen, daß zum Beispiel auch Wandsbek zwischen 1950 und 1975 so wiederaufgebaut wurde, als gäbe es eine städtebauliche Gesamtkonzeption überhaupt nicht und als gäbe es keine hervorragenden architektonischen Vorbilder aus früherer Zeit.

Gewässerkarte Hamburg
von 1984
(Hamburger Umweltbericht 2/85)

55

Hamburg-Wandsbeker Pferdebahn 1866 (A)

Betriebsbahnhof Wendemuth — 120jähriges Jubiläum 1986

Von der Pferdebahn bis zum Bus — Das Verkehrswesen

Adam Basilier, Pächter des Gutes Wandsbek von 1618 bis 1641, erbaute 1630 den Lusthof «Wendemuth». Ein herrlicher Flecken Erde, mitten in Wandsbek. Nördlich der Wandse gelegen, westlich bis zum Wasserstieg, von Kirchhofstraße/Hogreve-straße begrenzt. 1762 erwarb der Hamburger Kaufmann Emanuel Jenisch den Hof. Er blieb fast hundert Jahre im Besitz der Familie. Zusammen mit dem Gut Wandsbek kaufte dann der Spekulant Carstenn auch «Wendemuth». Er teilte das Gelände auf und verkaufte den größeren Teil im Februar 1865 an den dänischen Ingenieur Moller und den Wagenbauer Lauenstein. Diese begannen sofort mit dem Bau von Pferdeställen und Wagenschuppen, denn es bestand schon lange der Plan, mit Pferdebahnen nach Hamburg die Pferde-Omnibusse abzulösen. Seit 1818 gab es in und um Hamburg öffentlichen Personenverkehr mit privaten Pferdeomnibuslinien. Es gab viel Konkurrenz und Gerangel um die Linienführung und um die Frage, welche Firma welche Linien befahren sollte. Die ärmeren Leute gingen natürlich alle zu Fuß, so auch viele Jahre Matthias Claudius, immer auf dem Wege zwischen Wandsbek und

57

Hamburg bzw. Wandsbek — Hamburg — Altona. Schon 1842 konnte man von Wandsbek nach Altona mit dem Pferdeomnibus fahren. Allerdings mußte man beim Uhlenhorster Fährhaus mit dem Ruderboot über die Alster und drüben in den Altonaer Bus steigen. Das war um diese Zeit der schnellste Weg nach Altona unter Umgehung der Hamburger Tore, wo man auch noch Torgeld bezahlen mußte.

Endlich war es so weit, es wurde die «Pferde-Eisenbahn-Gesellschaft» gegründet. Die Waggonfabrik Lauenstein lieferte im Mai 1866 die ersten Wagen. Sie waren rot mit vielen Goldverzierungen und hatten 65 Plätze, davon 12 auf dem Oberdeck. Nach oben durften allerdings nur männliche Fahrgäste, weil es für die Damen unschicklich war, vielleicht den Blicken der Männer ein Stückchen Wade preiszugeben. Ab Juli 1866 konnten «ordentlich bekleidete Personen» kostenlos an den Probefahrten zwischen Wandsbeker Markt und dem Hamburger Rathausplatz teilnehmen. Am 11. August 1866 wurden mit großem Trara die Honoratioren vom Rathaus bis zum Wendemuth-Bahnhof zur Probe transportiert. Dort angekommen, wurden die Teilnehmer mit Wandsbeker Puffer und Wein bewirtet. Am 16. August 1866 wurde die Linie offiziell eröffnet. Man fuhr von 7 bis 24 Uhr zwischen Rathaus und Wandsbek Markt. Es war ein großer Andrang: Am ersten Sonntag zählte man 8 379 Fahrgäste. Die Polizei wurde verstärkt, um den Ansturm zu regeln. Bald sang man das Lied vom «Roten Omnibus», dessen erste Strophe so lautete:

Des Nachts um elfe
Von Hohenfelde
Da fährt der letzte rote Omnibus, 's gibt kein Verweilen,
Man muß sich eilen,
Weil man den Ratterkasten noch erreichen muß
Und es steigt der dicke Kutscher
Brummend auf den hohen Thron,
Von dem kräft'gen Schlummerpunsche
Wackelt der Zylinder schon.
Alles rennet, rettet, flüchtet
Alles kreischt und alles drängt —
Endlich hat mit Mühe man sich 'reingezwängt.
Refrain:
Des Nachts um elfe
Von Hohenfelde
Da fährt der letzte rote Omnibus,
's gibt kein Verweilen,
Man muß sich eilen,
Weil man den Ratterkasten noch erreichen muß.

Wettrennen Dampfstraßenbahn und Pferdekutsche 1880 (A)

Hamburger Version
der Dampflokomotive
für Straßenbahnen
von Winterthur (L)

Wandsbeker Dampfzug
1885 (H)

Die neue Verkehrsverbindung hat vor allem die Wandsbeker Wirte hoch erfreut, denn zunächst hatten sie den größten Nutzen von der ganzen Sache. Aber auch die Aktionäre der Pferdebahn erhielten schon ab 1870 Dividende. Außerdem gab die Pferdebahn vielen Wandsbekern Arbeit und Brot. In der Mitte des vorigen Jahrhunderts kamen auch schon Begriffe wie Raucherwagen, Verkehrsvorschriften (das betraf vor allem das Rechtsfahren), Extrawagen, Überlastungen, Tarifgrenze, Fahrkartenkontrolleure, Eilwagen (zum Hotel Marienthal und zu den Pferderennen) und vieles andere mehr auf. Leider mußte auch sehr früh der erste Verkehrstote durch eine Straßenbahn beklagt werden. Erwähnt werden muß noch, daß sich die Pferde-Omnibusse etwa noch zehn Jahre halten konnten. Bis zum Jahre 1876 waren in der heutigen Böhmischen Straße große Stallungen und Remisen. Doch zum Schluß siegte die Pferdebahn, wenn auch manchmal mit Tricks. Schon 1875 wurde die Strecke zweigleisig ausgebaut, zur gleichen Zeit wurde auch die Strecke nach Jüthorn gebaut und die Hauptstrecke bis zum Zoll verlängert. Oft gab es Streitigkeiten zwischen dem Hamburger Senat und dem Wandsbeker Stadtkollegium, und zwar um die Fahrpreistarife, da die Wandsbeker sehr darauf achteten, daß die Fahrpreise nicht zu hoch stiegen. Das Depot der Pferdebahn Wendemuth wurde im Laufe der Jahre mehrfach vergrößert. Da die Waggonfabriken mit den Lieferungen der Wagen nicht nachkamen, wurden schon ab 1885 in eigener Werkstatt Waggons gebaut. Diese Fabrikation machte sich so gut, daß der vorhandene Platz nicht ausreichte und 1892 die Wagenbauanstalt Falkenried gegründet wurde. Wenn zu der Zeit auf dem Wendemuth-Gelände mehr Platz oder Ausdehnungsmöglichkeiten gewesen wären, würde die Waggonfabrik wohl noch heute in Wandsbek sein.

Doch zurück zur Pferdebahn. Ihr Ende nahte in Form eines gewaltigen Dampfrosses. Schon seit 1873 wurden — zuerst allerdings nur nachts, dann auch am Tage — große Dampfmaschinen vor die Wagen gespannt. Es wurden verschiedene Systeme getestet und viele wieder verworfen. Am 8. September 1879 wurde die Einführung des Dampfbetriebes nach Wandsbek genehmigt und in den folgenden Jahren immer mehr ausgebaut. Die Dampfbahn brachte aber viel Schmutz und Aufregung mit sich und war auch nicht gerade leise. In der Zollstraße, etwa beim Eingang der Fabrik Helbing, wurde eine Versorgungsstation für Wasser und Kohle eingerichtet. 1881 fand die Fusion von Pferde-Eisenbahn-Gesellschaft und Straßen-Eisenbahn-Gesellschaft statt — ein weiterer Schritt hin zur HHA. Die Dampfbahn hielt sich aber nicht lange. Wie auch in unserer schnellebigen Zeit wurde etwas Neues erfunden. Schon 1881 hatte Werner von Siemens in Berlin eine elektrisch betriebene Straßenbahn (mit Akkus) vorgestellt. Doch es dauerte noch lange, bis diese Kunde auch nach Wandsbek gelangte. Die Entwicklung ließ sich aber nicht aufhalten. Von 1894 an gab es in Hamburg die «Elektrische». Ab 22. Juni 1897 wurde auch die Strecke von Hamburg nach

Wandsbek nur noch elektrisch befahren. Das war eine feine Neuerung, war sie doch sehr sauber und vor allem recht leise und natürlich auch etwas schneller als die Pferde- bzw. die Dampfmaschine. Im Laufe der Zeit wurden immer bessere Wagen entwickelt. Auch auf dem Bahnhof Wendemuth hat sich in der Zeit seines 120-jährigen Daseins sehr vieles geändert. Übrigens: Bis 1922 verkehrte noch eine Pferdebahn zwischen Marktplatz und Marienthal. Es ging dort bis zum Schluß sehr gemütlich zu. Einer der Condukteure hieß Hammerschmidt. Es entstand der Ruf: «Hammerschmidt bringt Kuchen mit». So manche Marienthaler Hausfrau soll Hammerschmidt gebeten haben, Kuchen aus Wandsbek mitzubringen. Das wurde in der Pause in der Schloßstraße auch prompt erledigt, und dann bummelte die Bahn im Zukkeltrab wieder nach Marienthal. Am 27. Dezember 1922 wurde die letzte Fahrt gemacht, und erst dann konnten am Wendemuth-Bahnhof die letzten Pferdeställe ab-

Straßenbahn an der Lübecker Straße (heute Wandsbeker Marktstraße) um 1907 (A)

Pferdeomnibus 1911.
Letzte Fahrt
Rahlstedt—Tonndorf—
Lohe—Wandsbek (A)

Pferdebahn
Wandsbek-Markt—
Groß-Jüthorn 1910
Bespannung: Maulesel (A)

Fahrscheine der nach
Wandsbek verkehrenden
Beförderungsmittel
aus der Zeit von 1870—75 (A)

Wandsbeker
Straßenbahn (H)

gerissen werden. Am 11. Juli 1918 wurde die «Straßeneisenbahn-Gesellschaft» mit der «Hamburger Hochbahn» zusammengelegt. Ab 1923 gab es auch Busse für verschiedene Querverbindungen am Wendemuth. Hierfür mußte extra eine Halle gebaut werden. Inzwischen wurde auch das Liniennetz immer mehr erweitert. Die Hauptlinie fuhr bis zum Tonndorfer Friedhof, die Linie 1 bis Bramfeld, wobei das Stück ab Gartenstadt-Bahnhof eingleisig war. Die Linie 8 fuhr von Hamburg kommend bis zur Trabrennbahn. Der Zweite Weltkrieg brachte die fast völlige Vernichtung Wandsbeks, und auch der Wendemuth-Bahnhof wurde sehr beschädigt. Es waren vor allem Frauen, die im Zweiten Weltkrieg den Fahrbetrieb in der schlimmsten Zeit aufrechterhielten. Die Straßenbahn erlebte ihre größte Entwicklung in den 50-er Jahren unseres Jahrhunderts, aber ihr Ende zeichnete sich durch die U-Bahn-Baupolitik ab. Die Wandsbeker Straßenbahnlinien fuhren zuletzt am 2. Oktober 1960. Das war auch das Ende des Straßenbahndepots Wendemuth. Nach 94 Jahren Straßenbahngeschichte wurde Wendemuth zum Busdepot umgebaut.

Mittelpunkt und Drehpunkt des Wandsbeker Verkehrs wurde die U-Bahn/Bus-Umsteigeanlage am Wandsbeker Markt. Über 200 Abfahrten von U-Bahnzügen in Richtung Innenstadt und mehr als 1100 Bus-Abfahrten in die Wohngebiete im Raum Wandsbek gibt es täglich. Diese beiden Zahlen aus dem Fahrplan eines Werktages umreißen die Bedeutung der Umsteigeanlage U-Bahn/Bus in Wandsbek-Markt. 14 Stadtbus-, eine Eilbus-, zwei Schnellbus- und drei Nachtbuslinien verkehren auf und an der Anlage.

Dieselomnibus
der HHA 20er Jahre (H)

Personal der
Wandsbeker Straßenbahn,
Bahnhof Wendemuth 1902 (A)

Personal
Bahnhof Wendemuth 1979 (H)

U-Bahn Wandsbek Markt
mit Schloßgemälde (B)

ZOB-Wandsbek-Dispatcher
Rainer Wede (B)

U-Bahn Wandsbek,
Zugang (B)

Der moderne
Omnibusbahnhof Wendemuth
1985 (B)

Wartungshalle
für Omnibusse —
Wendemuth (B)

Innerhalb von 24 Stunden steigen rund 60 000 Menschen in Wandsbek-Markt um, ein oder aus. Über den Dächern der Verkehrsanlage ist ein Leitturm errichtet, von dem nicht nur der Busverkehr auf der Anlage, sondern darüber hinaus auch im ganzen Raum Wandsbek dirigiert wird. Dem Disponenten stehen modernste technische Einrichtungen zur Verfügung. Sein Schalttisch für Lautsprecher und Signale hat insgesamt 128 Tasten in fünf Farben. Mit Hilfe von 12 Lautsprechern, die sich einzeln oder in Gruppen schalten lassen, kann er die Fahrgäste gezielt ansprechen. Die Busfahrer erhalten ihre Anweisungen über Sprechfunk, Lichtsignale, oder auch über Lautsprecher. Eine Gleisbildanzeige gibt dem Mann im Leitturm die jeweilige Position der U-Bahnzüge an. Über eine Wechselsprechanlage steht er in direkter Verbindung mit dem Haltestellenbediensteten auf dem Bahnsteig unter der Erde. So können zum Beispiel kurzfristig die Busabfahrten etwaigen Verspätungen der U-Bahn angepaßt werden. Nachts, wenn nur wenige Busse unterwegs sind, übernimmt die Zentrale im Hochbahnhaus die Aufgabe der Betriebsüberwachung im gesamten Stadtgebiet.

1966 bekam die HHA ein Stück der Hogrevestraße und einen großen Teil des ehemaligen Gasplatzes hinzu, dafür wurde südlich ein Teil abgegeben — zur Regulierung der Wandse. Durch die vielen Um- und Anbauten und Änderungen war «Wendemuth» im Laufe der Jahrzehnte vollkommen veraltet. Im Norden wurden noch einige Grundstücke hinzugekauft, und 1980 begann in Etappen ein völliger Neubau nach modernster Technologie. Der neue Betriebsbahnhof Wendemuth wurde 1983 fertiggestellt.

Nach den Aufzeichnungen von Walter Klein
(mit frdl. Genehmigung des Verlages für das Studium der Arbeiter-Bewegung Hamburg, entnommen dem Stadtteil-Bilderbogen)

Wartungshalle
für Omnibusse —
Halle 3 — Wendemuth (B)

Das «Geheimnis» des Hunnen ist fast gelüftet

Das stattlichste Denkmal in Wandsbek hat die Schule Bovestraße — ein Reiterdenkmal, das von Auguste Rodin sein könnte, so ausdrucksvoll ist es. Es stellt einen Hunnen dar, einen Krieger zu Pferde. Das Pferd scheut vor einem Totenschädel, der auf dem Wege liegt, und der Reiter beugt sich vor, um den Schädel zu betrachten. Der Gesichtsausdruck des Reiters ist ernst und nachdenklich. Ich rufe den Schulleiter an: Wie das schöne Denkmal vor die Schule komme. Er weiß nur, daß der Hunne bei der Einweihung der Schule am 16. Oktober 1929 vom preußischen Ministerium für Wissenschaft, Kunst und Volksbildung der Schule Bovestraße gestiftet worden sei. Der Bildhauer hieße Oskar Erich Hösel. Sonst wisse er nichts über das Denkmal. Merkwürdig, denke ich. Ein so wertvolles Denkmal, ein so ungewöhnliches Sujet, wo doch unter anderem auch die Hunnen zu unseren «Erbfeinden» gehörten. Wer erinnert sich da nicht an die berühmte Schlacht auf den Katalaunischen Feldern 451 n. Chr.? Ich lasse nicht locker und rufe zunächst das Denkmalschutzamt an. Der Hunne ist registriert. Aber sonst: Nichts! Das Museum für Hamburgische Geschichte: Nichts! Die Bibliothek der Kunsthalle in Hamburg: Fehlanzeige! Jetzt beginne ich, Ferngespräche zu führen. Der Hunne kommt mich ziemlich teuer. Endlich lande ich bei der Kunstbibliothek der Stiftung Preußischer Kulturbesitz. Hier bin ich richtig, denn der Hunne ist ja preußischer Kulturbesitz. Also: Der Bildhauer Oskar Erich Hösel wurde am 5. April 1869 in Annaberg im Erzgebirge geboren. Er besuchte seit 1886 die Kunstakademie in Dresden, wurde 1889 Atelierschüler Johann Schillings. Für seine Gruppe «In der Wüste» erhielt er 1891 die kleine silberne Medaille. 1892 trat Hösel in das Atelier von Robert Diez ein. 1895 erhielt er ein akademisches Reisestipendium, und zwar für zwei Jahre. Er lebte zunächst in Dresden, 1899/1903 war er Lehrer der Kunstakademie in Kassel, seitdem arbeitete er in Meißen als Leiter der Gestaltungsabteilung an der bekannten Porzellanmanufaktur. Studienreisen führten Hösel 1898/99 nach Kleinasien und Konstantinopel, später nach Belgien, Frankreich, Dänemark, Schweden, England und 1904 nach Nordamerika. Hösel ging von der Großplastik aus und errang 1895 mit der lebensgroßen Reiterfigur eines «Hunnen» einen bedeutenden Erfolg. Die Bronze wurde zunächst vor der Nationalgalerie Berlin aufgestellt. Das Originalmodell befindet sich im Dresdner Albertinum. Bald wandte Hösel sich aber der Kleinplastik zu. Schöne Beispiele für diese bieten die Büsten und Figuren wie «Orientalische Studien», männliche Studienköpfe aus Burnabat und Konstantinopel. Eine Büste des sächsischen Königs Georg aus dessen Todesjahr 1904, zur Ausführung in Porzellan bestimmt, besitzt die Meißner Manufaktur. An größeren Arbeiten Hösels ist noch der «Liebenbachbrunnen» für den Ort Spangenberg im Regierungsbezirk Kassel von 1902 zu nennen.

Der Schöpfer des Hunnendenkmals
Oskar Erich Hösel (J)

Das Hunnendenkmal
vor der Schule Bovestraße (B)

Soweit die Auskunft der Kunstbibliothek. Wann Hösel gestorben ist, konnte ich bisher nicht ermitteln. Sein Hunne ist also nicht das einzige asiatische Motiv. Vielleicht hatte Hösel seine Anregung für das Denkmal von Viktor von Scheffels Roman «Eckehard» bekommen? Der Roman war in der zweiten Hälfte des 19. Jahrhunderts sehr populär und wurde in einer riesigen Auflage verkauft. Aber das ist nur eine Spekulation. Und außerdem waren das Ungarn und keine Hunnen. Nun, ein bißchen mehr wissen wir über den Hunnen vor der Schule Bovestraße, und wer vorbeigeht, sollte ihn sich einmal genau anschauen. Es lohnt sich. Denn der Hunne ist wirklich ein großes Kunstwerk.

Actien-Bier-Brauerei
Marienthal (A)

Wandsbeker
Kunsteisbahn 1881 (A)

Gemischtwarenhandlung Beland 1911 (A)   Tabakfabrik Wagener um 1900 (A)

Die «gute alte Zeit» in Wandsbek

Als die «gute alte Zeit» wird der Zeitraum vor dem 1. Weltkrieg bezeichnet, also ungefähr die Zeitspanne von der Reichsgründung bis zum Juli 1914. Wann mag dieser Begriff entstanden sein? Ich meine, er ist nach dem 1. Weltkrieg in der Inflationszeit entstanden, als meine Großmutter und meine Mutter jeden Tag verzweifelt versuchten, Millionen, dann Milliarden und Billionen beim nächsten Krämer gegen einige Lebensmittel einzuwechseln. Wenn ich als Kind Mitte der 20-er Jahre bei meiner Großmutter zu Besuch war, spielte ich mit einem «Vermögen», das meine Großmutter in einem Schuhkarton aufbewahrt hatte: Geldscheine aus der Inflationszeit.

«Ja», sagte meine Großmutter, «dein Kinderwagen hat 1923 mehr als eine Billion gekostet.» Ich fragte: «Wieviele Nullen sind das hinter der eins?» Aber meine Großmutter schüttelte mit dem Kopf und brummte: «Das weiß ich nicht.» Wie sollte sie auch. Die Kleinbauerntochter aus der Nähe von Göttingen hatte nie Finanzpolitik studiert.

Gegenüber dem inflationistischen Chaos, in dem fast eine ganze Nation ihre Ersparnisse einbüßte, mußte das Zeitalter vor dem Kriege mit seiner relativen wirtschaftlichen Stabilität und einer breiten Schicht wohlhabender Bürger in einem goldenen Licht erscheinen.

Und wenn wir nun die Fotos aus dem alten Wandsbek anschauen, das beliebte

Groß-Jüthorn vor 1900 (A)   Wandsbeker Gaststätte um 1875 (A)

Ausflugsziel «Groß-Jüthorn» oder die «Rotunde» in Reisners Ballsälen, die altdeutsche Badeanstalt oder die Wandsbeker Kunsteisbahn von 1881, dann scheint uns wirklich eine ruhige, solide Welt entgegenzutreten. Dieser Eindruck bleibt auch, wenn wir die Fotos betrachten, auf denen Geschäftsleute mit den Mitarbeitern vor ihren Laden oder ihren kleinen Betrieb treten, um sich vom Fotografen auf die Platte bannen zu lassen. So der Gemischtwarenhändler Beland oder der Tabakfabrikant Wagener (2. v. l.) mit seinen Gehilfen.

Selbst die drei Fotos aus Wandsbeks größtem Betrieb, den Reichardt-Schokoladen-Werken mit 528 Beschäftigten (1909) scheinen den Eindruck von der «guten alten Zeit» auch noch zu bestätigen.

Die Fabrik rühmte sich ihrer sozialen Einrichtungen. Da gibt es ein Bad für Arbeiterinnen, einen Speisesaal, wo die Arbeiter unentgeltlich ein warmes Mittagessen bekommen, da gibt es eine hygienische Arbeitskleidung für die Mitarbeiter. Trotzdem: das ist nicht charakteristisch für die damalige Arbeitswelt. Charakteristisch sind scharfe soziale Auseinandersetzungen und das dauernde Aufeinanderprallen von Gegensätzen zu einer Zeit, wo die Unternehmer noch nicht begriffen haben, daß die Arbeiter sich zu einer eigenen gesellschaftlichen Schicht formieren mit einem gesellschaftlichen Bewußtsein.

Badeanstalt
Wandsbek (A)

Reichardt
Schokoladenfabrik,
Schwimmbad
für Arbeiterinnen (A)

«Rotunde»
in Reisners Ballsälen (A)

Reichardt-Werke,
Schokoladen-Packraum (A)

Die Unterschiede zwischen den einzelnen Schichten sind nicht nur wesentlich krasser als heute, sie sind auch im Erscheinungsbild der Menschen sofort sichtbar. Auf jedem Foto aus der damaligen Zeit kann man erkennen: das sind Arbeiter, das ist ein Herr, das ist eine Dame, das ist ein Dienstmädchen.

Petra Plambeck hat in ihrem lesenswerten Buch «Leben und Arbeit in Wandsbek um die Jahrhundertwende» (herausgegeben vom Bürgerhaus Wandsbek) zahlreiche Arbeiter abgebildet. Aber: es existieren nur Fotos, wo die Arbeiter von den Unternehmern zu einem Gruppenbild aufgebaut wurden. Es gab eben in Wandsbek keinen Heinrich Zille, der zwischen 1890 und 1910 in den Proletarierviertel von Berlin viele hundert Fotoaufnahmen machte, die uns nach fast einem Jahrhundert einen realistischen Einblick in Arbeit und Leben der Berliner Arbeiterschaft und auch des «5. Standes» (Bettler, Obdachlose, Prostituierte) vermitteln. Solche Bilder von Arbeitern gibt es in Wandsbek nicht. Aber bleiben wir noch einen Augenblick bei dem Schokoladen-Fabrikanten Reichardt, der so sehr mit seinen sozialen Einrichtungen prahlte. Da gab es noch eine andere Seite des Lebens der Reichardt-Arbeiter, und das war nicht die Schokoladenseite. Ich zitiere aus dem Buch von Petra Plambeck:

«Im Jahre 1908 schilderte ein Redakteur im ‹Wandsbeker Boten› seinen Eindruck des Reichardt-Werkes: 15 000 qm sei das Betriebsgelände groß, luftig und sauber die Fabrikationsgebäude. In Riesenlagern lagere das Rohmaterial. Der Dampfturbinenbetrieb sei zu der Zeit einmalig, ebenso die hydraulischen Pressen, die Luftdurchsichter und das Riesenwalzwerk. In den Schokoladensälen herrsche ohrenbetäubendes Gerassel der Klapperstühle, auf denen die Schokolade durch mechanische Klopftägigkeit in die Formen hineingerüttelt werde.

Bemerkenswert seien die Wohlfahrtseinrichtungen Reichardts, das Hallenbad und das unentgeltliche warme Mittagessen, das in den riesigen Speiseräumen an die Arbeiter und Unterbeamten ausgeteilt werde.

Aus den Akten der Polizeibehörde ergeben sich noch andere Aspekte. 1905 vermeldete die Behörde einen Streik bei Reichardt wegen Mißhandlungen der Arbeiter durch Vorgesetzte. Ansonsten wurde nur der vier Tage danach erfolgte Streikabbruch vermeldet und eine Versammlung in den Reichardt-Werken erwähnt, auf der Direktor Neumann ein gewerkschaftliches Organisationsverbot für Arbeiter der Kakaofabrik bekräftigt haben soll.

Von einem weiteren Streik war 1913 die Rede, mit dem die Hilfsarbeiter aus der Hausdruckerei die Anerkennung des Tarifs der Druckereihilfsarbeiter und -hilfsarbeiterinnen durchsetzen wollten.

Alle Streikenden wurden entlassen.

Der ehemalige Reichardt-Arbeiter Ellerbrook berichtet: ‹Im April 1915 bin ich aus der Schule gekommen und habe bei Reichardt-Schokolade angefangen. Ca. 4000 Leute arbeiteten damals da. Gearbeitet wurde von 7 bis 18 Uhr für 22 Pfennig die Stunde und 2 Stunden Pause. Ca. nach einem Jahr bekam ich eine Zulage von einem Pfennig. Ob man die Zulage bekam, hing von der Beurteilung des Inspektors Heinrich ab. Besonders in der Kartonagenabteilung und in der Buchbinderei haben viele junge Leute gearbeitet. Es gab damals noch keinen Urlaubsanspruch. Eine Tafel Reichardt-Schokolade kostete einen ganzen Stundenlohn, je nach Größe und Qualität so 30—50 Pfennig.»

Die Löhne der Arbeiter sind zwischen 1896 und 1913 so niedrig, daß man sich fragt, wie diese Menschen überhaupt existieren konnten, wenn sie (nach unserer heutigen Kaufkraft gerechnet!)

als Lederarbeiter	(1896)	378,— DM im Monat
als Küfer	(1899)	705,— DM im Monat
als Tapeziergehilfe	(1903)	343,— DM im Monat
als Brauereiarbeiter	(1904)	396,— DM im Monat
als Lastfuhrkutscher	(1913)	396,80 DM im Monat
und als Schneider	(1913)	zwischen 334,80 DM und 520,80 DM

verdienten? Und das bei einer Arbeitszeit von $9\frac{1}{2}$–$10\frac{1}{2}$ Stunden und keinen Tag Ferien. Dann gibt es immer noch die Seuche der Kinderarbeit: Um die Jahrhundertwende arbeiten 10% der Wandsbeker Volksschüler schon früh am Morgen vor 7 Uhr. Die Hauptarbeitszeit für Schulkinder liegt zwischen 16 und 20 Uhr. 10% der Schulkinder arbeiten bis 23 Uhr, teilweise noch länger. 1903 durften immer noch Kinder über 12 Jahre «gesetzlich» beschäftigt werden — aber nicht zwischen 20 Uhr und 8 Uhr.

Die Arbeit der Proletarierkinder hat nichts mit habgierigen Eltern zu tun, sondern war angesichts der überaus niedrigen Löhne für Arbeiter ein Mittel zum Überleben. Ebenso die ausgedehnte Frauenarbeit in den Branchen Papier und Leder, Nahrung und Genuß, Bekleidung und Reinigung sowie im Druckgewerbe. Die Frauen bekamen oft nicht einmal 50% der Männerlöhne.
Das alte Wandsbek war gemütlich, das kann man überall lesen. Aber die Gemütlichkeit hörte sofort auf, wenn die Arbeiter sich gewerkschaftlich organisierten, um sich einen besseren Lebensstandard zu erkämpfen. Und er mußte erkämpft werden — oft durch ausgedehnte Streiks. Petra Plambeck berichtet, daß der Kornbrenner Helbing 1896 während des Hafenarbeiterstreiks seine eigenen Arbeiter aufforderte, als Streikbrecher im Hafen Kohle für die Schnapsfabrik zu löschen. Als sich 20 Arbeiter aus Solidarität mit den Hafenarbeitern weigerten, wurden sie nicht nur sofort entlassen, sondern auch gezwungen, ihre Werkswohnungen zu räumen. Auch bei Helbing gab es übrigens in der Werksordnung eine Bestimmung, die jede gewerkschaftliche Organisation im Betrieb verbot. 1902 wurden alle Wandsbeker Arbeiter für 10 Tage ausgesperrt, wenn sie dem sozialdemokratischen Aufruf gefolgt waren und den 1. Mai gefeiert hatten. Besonders schlimm war die Lage der Dienstmädchen, die in Marienthal in großer Zahl beschäftigt wurden. Mehr als die Hälfte der Dienstmädchen mußte mehr als 16 Stunden am Tag arbeiten, aber nur die Hälfte von ihnen hatte ein eigenes Zimmer. Die unmöglichsten Schlafplätze (Treppenkammer, Küche, Korridor, Speisekammer) wurden ihnen zum Schlafen angeboten. Sie hatten keinen Arbeitsvertrag,

sondern unterstanden bis 1918 dem Preußischen Gesinderecht, das sogar eine «mäßige Züchtigung durch die Herrschaft» erlaubte.

Aber es gab eine Bevölkerungsschicht, der es in Wandsbek noch viel schlimmer ging. 1896/97 wurden in Wandsbek fast 600 Verhaftungen wegen «Bettelei oder Obdachlosigkeit» vorgenommen. Die Wandsbeker Volksküchen gaben 1899/1900 über 21 000 Essenportionen zu je 20 Pfennig aus. Kann der Leser ermessen, was für Einzelschicksale und was für ein Elend sich hinter solchen dürren Zahlen verbargen?

Wir sollten also endlich aufhören, pauschal und gedankenlos von einer guten alten Zeit zu schwärmen, die nicht existierte, denn es gab sehr viele arme Leute in Wandsbek.

Was die Wohlsituierten und Gebildeten dachten und taten, das weiß die Geschichtsschreibung meistens sehr genau. Über das Leben der Mehrheit der Wandsbeker, über die armen Leute damals, wissen wir zu wenig, denn sie und ihre Behausungen wurden selten oder überhaupt nicht fotografiert und sie haben auch über ihr Leben — einige wenige Ausnahmen gibt es — keine Bücher geschrieben. Dazu waren die armen Leute zu «ungebildet» und vor allem zu müde nach der Arbeit.

Im Speisesaal der Reichardt-Werke um 1910 (A)

Wandsbeker Gewerkschaftshaus (A)

Eine Gruppe Wandsbeker Husaren 1912 (A)

Etwas über die Wandsbeker Husaren

In dem kleinen Haus Böhmestraße 20 im ersten Stock haben 1985 einige Damen — sie sind alle so um die 70 — damit begonnen, ein kleines Wandsbeker Heimatmuseum wieder aufzubauen, über 40 Jahre nachdem das alte Museum und seine Bestände im Bombenhagel des Zweiten Weltkrieges und durch Diebstahl fast vollständig vernichtet wurden. Ich bekomme zunächst eine gute Tasse Kaffee und ein Stück selbstgebackenen Kuchen. Und dann wird mir stolz gezeigt, was in dem kleinen Museum schon aufgebaut ist: das Zimmer, das an die Wandsbeker Husaren erinnert. Die Dame, die mir das Zimmer zeigt, ist Ehrenmitglied der Wandsbeker Husaren-Kameradschaft. Wirklich, hier stehen zwei männliche Schaufensterpuppen bekleidet mit den alten Uniformen. Mir, dem der Weltkrieg das halbe Leben zerstörte und die Jahre zwischen dem 18. und dem 27. Lebensjahr stahl, gehen ganz wunderliche Gedanken im Kopf herum, als ich diese Uniformen anschaue. Da sehe ich sofort vor meinem geistigen Auge den alten Generalfeldmarschall von Mackensen. Er trug eine solche abenteuerliche Uniform, wenn er neben Hindenburg und Hitler wie ein lebendiges Museumsstück auftauchte. Wie schrieb doch Ludwig Thoma über diese Uniformen?

Die Husaren «sollen vermutlich den kecken Reitergeist in ihrem Äußeren zur Erscheinung bringen. Aber, du lieber Himmel, wie geschieht das! Die jungen Leute sind angezogen wie jene netten Äffchen der Savoyarden. Man denkt sich unwillkürlich die Drehorgel hinzu, auf welche diese Kavalleristen tanzen müßten. Die grellblauen, knallroten, zeisiggrünen Uniformen sind verschnürt wie Schlafröcke; und auch die Hosen tragen sonderbare Arabesken. Jener Körperteil, welcher in der preußischen Armee nunmehr wieder als unanständiges Terrain gilt, ist so zuckersüß umrändert wie ein Lebkuchen. Die ganze Erscheinung wirkt operettenhaft und läppisch. Man spricht davon, daß gewisse Traditionen erhalten werden müßten ...»*

Das ist das Stichwort «Tradition». Die Tatsache, daß Wandsbek zwischen 1871 und 1919, also 48 Jahre lang, Garnison war und ein Husarenregiment beherbergte, wird heute noch nach zwei furchtbaren Weltkriegen als eine wunderbare Tradition von unseren dilettierenden Heimat-Geschichtsforschern hochgejubelt. Nicht einen Atemzug lang wird darüber nachgedacht, daß das vielleicht Traditionen sein könnten, die längst für immer ad absurdum geführt wurden.

«Weit zurück erscheinen uns jene Tage, als diese 800 blauen Husaren tagtäglich mit fröhlichem Hufgeklapper und wippenden Lanzenflaggen, vorn weg ein Trompeter, durch Wandsbeks Straßen ritten», schreibt zum Beispiel Alfred Pohlmann** voll des unfreiwilligen Humors, denn wir alle wollen nicht hoffen, daß alle 800 Husaren täglich blau waren. Blau waren ihre Uniformen. Und daß ihre Hufe fröhlich klapperten? Husaren haben bekanntlich keine Hufe. Und Pohlmann muß wohl sehr scharfe Ohren gehabt haben, daß er die «Fröhlichkeit» des Hufeklapperns heraushörte. Von einer allgemeinen «engen Verbundenheit» zwischen den Husaren und der Wandsbeker Bevölkerung konnte überhaupt keine Rede sein. Zwei Gruppen waren an den Husaren interessiert. Da waren einmal die Dienstmädchen. Sie interessierten sich für die Mannschaftsdienstgrade und für die Wachtmeister. Die «höheren Töchter» interessierten sich für die Leutnants, denn bekanntlich fing der Mensch vor 1918 erst beim Leutnant an, alles andere war «Kanaille». Und da waren zweitens die Gastwirte, die sich für die durstigen Kehlen und die hungrigen Mägen der Husaren interessierten. Allerdings waren sie nicht immer mit ihren Gästen «engverbunden», denn manchmal nahmen betrunkene Husaren schon einmal ein ganzes Lokal auseinander und verprügelten «die Kanaille», so mehrfach geschehen. Nach 1918 förderten nationalistische Kreise und nach 1933 die Nazis nachdrücklich die militärischen Traditionen Wandsbeks. Die Früchte sind ein durchaus annehmbares Denkmal von 1923 zur Erinnerung an die Gefallenen und ein Nazi-Denkmal von 1938: «Der Meldereiter». Beide Denkmäler wurden ausgerechnet in der damaligen Schilleranlage aufgestellt. Zu dieser Zeit war Wandsbek längst wieder Garnisonsstadt mit insgesamt sechs neuen Kasernen. Oberfeldwebel Jendrossek weiß es 1970 ganz genau, als ein neuer Versuch gemacht wird, die Husaren-Tradition wieder zu beleben: «Das gute Einverneh-

* Ludwig Thoma, Die Reden Kaiser Wilhelms II., München 1965, S. 26

** A. Pohlmann, Unser Wandsbek, Hamburg 1975, S. 248

Husarendenkmal
zum Andenken an die
im 1. Weltkrieg Gefallenen (B)

Husarendenkmal
«Der Meldereiter» (B)

men zwischen den Einwohnern und den Soldaten ist niemals erschüttert worden»*, schreibt er. Wo waren denn diese Soldaten inzwischen? Jendrossek weiß es:

«Sie waren an erbitterten Abwehr-, Stellungs- und Angriffskämpfen beteiligt, haben so manche erfolgreiche Schlacht geschlagen. Jeder Soldat hat während dieser Jahre, ob im Sommer bei glühender Hitze, im Winter bei eisiger Kälte, bei Wind und bei jedem Wetter, sein Bestes gegeben. Viele Soldaten sind durch hervorragende Einzelleistungen unter fast unmenschlichen Anstrengungen über sich selbst hinausgewachsen; zu viele Soldaten ließen ihr Leben.»**

So kann man es natürlich — fern von jeder geschichtlichen Wirklichkeit — auch sehen. Zu viele Soldaten ließen ihr Leben? Weiß Gott! Aber warum sollen «diese Traditionen» fortgesetzt werden? Und welche Traditionen sollten das sein? Daß wir nochmal über ganz Europa herfallen? Doch wohl nicht. Wie schrieb Ludwig Thoma vor dem Ersten Weltkrieg in einem Gedicht?

> Wie schön ist's auf dem Platz der Stadt
> In Uniform herumspazieren,
> Die Würde zeigen, die man hat,
> Und exquisiteste Manieren . . .
>
> Nur manchmal gibt es ein Problem.
> Das Spiel wird ernst. Man soll sich schießen;
> Da läßt das heldische System
> Sich nicht mehr ungetrübt genießen.***

* Zitiert nach Wandsbek heute und morgen, Hamburg 1966, s. 67

** Ebenda   *** Ebenda, S. 29

Die Häuser vor der
Wandsbeker Synagoge
an der jetzigen Königsreihe.
Der Weg zur Synagoge
ist mit X bezeichnet
(Christians Verlag)

Der Eingang
zur ehemaligen Synagoge
in Wandsbek
(Christians Verlag)

Wo sind die Wandsbeker Juden geblieben?

Im Jahre 1933, als die Nazis die Macht ergriffen, lebten und arbeiteten im heutigen Hamburger Stadtgebiet 20 000 deutsche Staatsbürger jüdischer Abstammung, davon in Wandsbek etwa 200.

Von diesen 20 000 Mitbürgern wanderten bis 1940 ca. 12 000 aus, ca. 8000 fielen dem Holocaust, der «Endlösung der Judenfrage» durch die Nazis zum Opfer. Das sind 40 Prozent. Nur wenige jüdische Mitbürger überlebten in Hamburg selbst, von Verwandten oder Freunden versteckt.

Wir müssen das hier ausdrücklich erwähnen, weil die Wandsbeker Heimatgeschichtsschreibung diese Zahlen verschweigt, ganz offensichtlich aus denselben Gründen, aus denen manche glauben, man könne geschichtliche Vergangenheit dadurch bewältigen, indem man alles «Gute» hervorhebt und alles «Böse» verschweigt. So ist es auch den Wandsbeker Juden gegangen. Es ist ein schlimmes Kapitel der Wandsbeker Geschichte, also verschweigt man es. Allenfalls wird der jüdische Friedhof in Wandsbek erwähnt und bestimmte «Privilegien», die den Wandsbeker Juden vor 300 bzw. vor 200 Jahren verliehen wurden. Was es mit diesen Privilegien auf sich hat, darüber wird noch zu schreiben sein. Unsere jüdischen Mitbürger wohnten rund 300 Jahre in Wandsbek, davon vom 14. Juli 1863 bis zum 30. Januar 1933, also nur 70 Jahre, als gleichberechtigte Staatsbürger mit allen demokratischen Rechten. Wie lebten die Juden die übrigen rund 230 Jahre an der Wandse? Sie lebten im allgemeinen so, wie sie überall im damaligen Deutschland leben mußten: nicht mehr ganz als Tier gehalten, aber immer weit davon entfernt, jene menschlichen Rechte beanspruchen zu können, die Millionen anderer Staatsbürger längst errungen hatten. Einige Beispiele: Die Juden durften über Jahrhunderte weder Ackerbau betreiben, noch ein Handwerk ausüben. Der Besuch der Universitäten war ihnen vielfach ebenso verboten, wie die Möglichkeit, Offizier oder Beamter zu werden. An vielen Orten waren die Erlaubnis, eine Ehe zu gründen, nur schwer zu erlangen und oft auf eine ganz bestimmte Anzahl von Juden festgelegt. Viel Geld mußten die Juden immer wieder aufwenden, um wenigstens ihre Toten an einem bestimmten Ort bestatten zu dürfen. Gottesdienste, wie alle anderen religiösen Feierlichkeiten abzuhalten, war ihnen oft über Jahrhunderte verboten, so zum Beispiel auch in Hamburg. Die Juden konnten keinen Grund und Boden erwerben. Vielerorts (in Wandsbek ca. 150 Jahre lang) waren ihnen abgesperrte Bezirke (Ghettos) als einziger Aufenthaltsort zum Wohnen zugewiesen. In vielen Städten, wenn sie überhaupt in Städten geduldet wurden, mußten sie bestimmte Kennzeichen tragen: gelbe Abzeichen am Gewand, gelbe Hüte usw., die dem «Christen» die Möglichkeit bot, die Juden ununterbrochen zu verspotten und zu beleidigen. Der Publizist Ludwig Börne, der in der ersten Hälfte des vorigen

Jüdische Frau (G)*   Jüdischer Mann (G)*

Jahrhunderts lebte, berichtet, daß jeder Jude auf den Zuruf: «Mach Mores, Jud'» den Hut ziehen mußte. Und der große Aufklärer und Philosoph Moses Mendelson schreibt, daß er am Stadttor von Erfurt einen Leibzoll entrichten mußte, da sein Ausweis ihn als Juden bezeichnete. Es wurde ein Leibzoll in derselben Höhe berechnet, wie er für einen Ochsen entrichtet werden mußte, den ein Bauer in die Stadt trieb. So blieben den Juden von einer großen Skala von Erwerbsmöglichkeiten nur Handel und Geldverleih und Trödel-Handel übrig, was ihnen wieder nicht nur ununterbrochene Beschimpfungen einbrachte, sondern sie auch oft das Leben kostete, wenn sie große Summen verliehen hatten. Man schlug sie oft genug tot oder verjagte sie und verbrannte die Schuldscheine. Es gab vom Mittelalter bis in die Neuzeit hinein darüber hinaus kein Verbrechen, das man nicht den Juden anhängte, um sie zu verfolgen und zu töten. Angeblich vergifteten sie andauernd die Brunnen, sie schlachteten Christenkinder, schändeten Hostien, indem sie sie mit Nadeln durchstießen. Für Pest, Cholera und andere Seuchen wurden die Juden regelmäßig verantwortlich gemacht. Ebenso groteskerweise für verlorene Kriege. Ich will damit sagen: Der Holocaust zwischen 1940 und 1945 war die letzte grausigste Steigerung einer jahrhundertelangen oft tödlichen Verfolgung.

* Aus dem Buch von Arnold Zweig «Das ostjüdische Antlitz»

Erst mit der Zeit der Aufklärung, ich denke hier besonders an die dänischen Könige und an den Habsburger Kaiser Joseph II., und mit der Französischen Revolution von 1789 und ihren Grundforderungen nach gleichem Recht für alle, die Menschenantlitz trugen, ändert sich die Situation der Juden zum Besseren. 1814 werden bereits in Dänemark die jüdischen Mitbürger den anderen gleichgestellt, in Wandsbek und Hamburg erst 50 Jahre später, denn sowohl die Hamburger Bürgerschaft als auch die schleswig-holsteinische Ritterschaft verhindern hartnäckig die Gleichstellung der Juden als Staatsbürger. Daß einzelne Fürsten und Adlige, so auch in Wandsbek, den Juden Privilegien verliehen, ihnen gestatteten, Handel zu treiben, wohnen zu dürfen, einen Friedhof anlegen und dann später auch Gottesdienst abhalten zu können, hat keineswegs etwas mit Toleranz oder dem immer wieder beschworenen «freiheitlichen Geist» zu tun. Es hat in allererster Linie etwas damit zu tun, daß zum Beispiel die Wandsbeker Gutsherren sich zusätzliche Geldeinnahmen versprachen und bekanntlich auch von den Juden bekamen. Auch die Wandsbeker evangelische Geistlichkeit ließ sich die «Duldung» der Juden mit Geld bezahlen. Die Gutsbesitzer hofften mit Hilfe tüchtiger jüdischer Geschäftsleute den Ort aufblühen zu lassen, was ihnen bekanntlich zusätzliche Steuern brachte, und sie waren vor allem auch bestrebt, von dem übermächtigen Hamburg mit Hilfe jüdischer Geschäftsleute unabhängiger zu werden. Merkwürdig ist, daß zum Beispiel die Darstellung der «Alt-Rahlstedter Kirche in Geschichte und Gegenwart» (Seite 18/20) einen Visitationsbericht von 1770 zitieren muß, in dem es heißt:

> «Verächter des öffentlichen Gottesdienstes sonderlich des Heiligen Abendmahls finden sich gottlob nicht, außer den Juden in Hinschenfelde, welche viel Ärgernis geben und sich da vor etlichen Jahren auch eine Mühle gekauft . . .» haben.

Gewiß, es ging den Juden in Wandsbek etwas besser und etwas menschlicher als zum Beispiel in Hamburg. Hier in Wandsbek gab es keinen Zunftzwang, hier war die Obrigkeit nicht ununterbrochen dem Trommelfeuer von Geistlichkeit und Bürgerschaft ausgeliefert wie in Hamburg, wo die Juden am liebsten immer enteignet und weggejagt werden sollten, wenn es nach dem Willen der Pastoren gegangen wäre, und noch 1830 ein Judenpogrom veranstaltet wurde. Wo die allgemeine Atmosphäre etwas freier und lockerer war, was ja auch viele Hamburger anzog, sich in Wandsbek zu amüsieren oder dort Handel zu treiben, weil sie das im strengen Hamburg nicht so konnten, war die Situation auch für die Juden etwas leichter. So gibt es in Wandsbek auch jüdische Handwerker, und 1859 ist es der Wandsbeker Rabbiner, der auf dem Wandsbeker Marktplatz anläßlich des 100. Geburtstages von Schiller die Festansprache hält. Das wäre so zum Beispiel in Hamburg damals nicht möglich gewesen. Trotzdem: Im allgemeinen haben die Wandsbeker Juden immer das Schicksal aller deutschen Juden bzw. aller europäischer Juden geteilt — bis zuletzt.

Jüdischer Friedhof
Königsreihe (B)

Jüdischer Friedhof
Königsreihe (B)

Daß in der sogenannten «Reichskristallnacht» (eine schreckliche Bezeichnung) weder die Wandsbeker Synagoge brannte (sie wurde im zweiten Weltkrieg zerstört) noch die jüdischen Friedhöfe in der Königsreihe und an der Jenfelder Straße verwüstet wurden, zeugt keineswegs vom «freiheitlichen Geist der Wandsbeker», sondern hat sicher damit zu tun, daß die Wandsbeker SA alle Hände voll zu tun hatte, um in Hamburg die großen Synagogen anzuzünden und hunderte jüdischer Geschäfte zu plündern. Die Wandsbeker SA hatte gerade keine Hand frei für die Wandsbeker Juden! Daß die Geschichte der Wandsbeker Juden bisher nicht geschrieben wurde, ist eine große Lücke in der Heimat-Geschichtsschreibung. Aber mit dem Vortrag von Günter Marwedel «Geschichte der Juden in Hamburg, Altona und Wandsbek»[*] bekommt der interessierte Leser doch eine fundierte wissenschaftliche Einführung in die Hand. In seinem Vortrag warnt Marwedel mit Recht: «Information kann das Defizit an Toleranz, das für unsere Gesellschaft charakteristisch ist, nicht kompensieren oder gar beseitigen.»[**]

Wir Deutsche sind bekanntlich ein denkmalfreudiges Volk. Im Bezirk Wandsbek allein sind 47 Denkmäler aufgestellt worden, fast ausschließlich solche, die an die Gefallenen des Krieges von 1870/71 und an die Gefallenen der beiden Weltkriege erinnern. Einige erinnern auch an die Flüchtlinge. An den Widerstand und an die Verfolgung unter den Nazis erinnern lediglich zwei Denkmäler. An die studentische Widerstandsgruppe «Weiße Rose» erinnert ein kleines Mahnmal in Volksdorf, an das KZ Sasel ein Mahnmal am Petunienweg. An die Wandsbeker Juden erinnert — nichts.

[*] Christians-Verlag 1982, S. 8   [**] Ebenda Seite 8

Maiblumentransport
vom Wandsbeker Flugplatz aus (G)

Wandsbek als Flughafen?

Daß Wandsbek einen kleinen Flugplatz gehabt hat, und zwar in der Zeit von vor dem Ersten Weltkrieg bis in die Dreißiger Jahre, das ist nur wenigen bekannt. Dieses seltene Fotos beweist es aber. Die erste Nachricht über einen Flugbetrieb in Wandsbek stammt aus dem Jahre 1907. Am Rande des Exerzierplatzes, wo die Husaren geschliffen wurden, standen zwei Schuppen mit je einem jener abenteuerlichen Fluggeräte darin, die damals in der Hauptsache aus Draht und Leinwand bestanden, — auch die Sitze, die dem Piloten keinerlei Möglichkeit boten, sich anzuschnallen. Er mußte sich eben tüchtig festhalten. Die Namen dieser ersten wagemutigen Wandsbeker Flugpioniere sind nicht genau überliefert, auch keine Fotos von ihren Flugzeugen.

Unser Foto zeigt den Abtransport von frischen Maiglöckchen der Gärtnerei von E. Neubert, der auf großen Feldern — teilweise überglast — Maiglöckchen züchtete. Der Fotograf hat den Moment festgehalten, wo die in Kartons verpackten beliebten Blumen in ein Flugzeug geladen werden, das nach Amsterdam fliegen wird. Das sind die Spuren, die über den Wandsbeker Flugbetrieb bis jetzt gefunden worden sind.

Betrachtung über die «feindlichen Horden» der Slawen im Bezirk Wandsbek

Den Begriff «feindliche Horden» entnehme ich der christlichen Botschaft der Leitung der evangelisch-lutherischen Kirche von Alt-Rahlstedt in einer Veröffentlichung von 1965. Diese liebenswürdige Bezeichnung unserer slawischen Vorfahren (die deutsche Nation hat eindeutig östlich der Elbe, vor allem auch in Mecklenburg, Pommern, Ostpreußen, in der Lausitz und in Schlesien sowohl germanische als auch slawische Vorfahren — eine gute Mischung) kann man auch in anderen Veröffentlichungen finden. Ich fand in dem Buch «Rahlstedt mit seinen Nachbarn» (veröffentlicht 1984) den köstlichen Satz:

«Im 12. Jahrhundert, als nach jahrzehntelangen Kämpfen die unbotmäßigen slawischen Stämme in ihre Schranken verwiesen werden, konnte der Plan eines Kapellenbaus am Wandse-Fluß realisiert werden.» (S. 27)

Man sieht vor dem geistigen Auge, wie unsere hochgewachsenen, blonden und blauäugigen und natürlich frisch gewaschenen Germanen — schon das Christuskreuz um den Hals gehängt — die wilden slawischen Horden, die verlaust in elenden Hütten wohnen, eine zischelnde Sprache sprechen und natürlich keinen blauen Dunst haben von Zahnbürste und Kultur, endlich «in ihre Schranken» verweisen.

Woher stammt dieses widerliche «Feindbild»? Ich selbst gehöre einer Generation an, die das in der Nazizeit auf einem Hamburger Gymnasium gelernt hat. Dieses Feindbild ist natürlich älter, aber es spukt als Nachgeburt der Zeit von 1933 bis 1945 immer noch in den Köpfen mancher Heimatfreunde und auch christlicher Würdenträger herum, während die Wissenschaft schon seit 150 Jahren von diesem Feindbild Abstand genommen hat und beweist, daß die Geschichte der slawischen Verbände östlich der Elbe nicht weniger zur Vorgeschichte der Deutschen gehört als die Geschichte der germanischen Stämme östlich des Rheins.

Nun berufen sich unsere Heimatforscher vor allem auf die Analyse der Ortsnamen im Bezirk Wandsbek, um zu beweisen, daß da nichts slawisch, sondern alles urgermanisch sei. Da irren die Heimatforscher allerdings, denn die Ortsnamen beweisen oft überhaupt nichts. Wir befinden uns ja in einem sächsisch-obotritischen Grenzgebiet. Die Grenzen waren hier immer fließend. Siehe Karte. Dort, wo die Slawen im 7. Jahrhundert ihre größte Ausdehnung nach Westen erreichten (teilweise über die Elbe hinaus), blieben kleine germanische Restgruppen bestehen. Bestimmte Flur- und Gewässernamen, zum Beispiel wie «Havel» und «Spree» übernahmen die Slawen von ihren germanischen Vorgängern. Damit soll gesagt werden, die Behauptung mancher Heimatforscher, in Wandsbek sei alles urgermanisch, ist letzter Ausfluß eines verbohrten Nationalismus, nicht das Ergebnis einer exakten Forschung. Man zittert offensichtlich noch heute vor Empörung, die «wilden Slawen» könnten irgendwo ihre ungewaschenen Füße auf den heiligen Wandsbeker Heimatboden gesetzt haben. Im übrigen würde wahrscheinlich für gewisse Heimatforscher und «Patentchristen» eine Welt zusammenbrechen, wenn sie zugeben müßten, daß es ein Kulturgefälle von West nach Ost, speziell in unserem Gebiet zwischen Sachsen und Slawen, zwischen dem 7. und 10. Jahrhundert, nicht gegeben hat; wenn sie zugeben müßten, daß die Slawen genauso mit dem Pflug Ackerbau trieben, genauso handwerklich geschickt waren beim Herstellen von Kleidern, Schuhen, bei der Verarbeitung von Metall, Ton und Glas, wie ihre westlichen Nachbarn. Aber das Christentum! Sie wollten keine Christen sein, diese Slawen, und sie erschlugen die Missionare! Dabei wird stillschweigend vorausgesetzt, daß das Christentum gleich Kultur und die Anbetung der Naturgötter in Bäumen, Hainen und Quellen Barbarentum gewesen sei. Haben unsere Heimatforscher und gewisse Christen ganz vergessen, daß zumindest seit Lessings Ringparabel im «Nathan» alle Religionen als gleichwertig anzusehen sind, wenn man Humanist sein will? Und sollten die Slawen wirklich so begeistert die christliche Religion begrüßen, die lange Zeit die Religion der Besatzer und Unterdrücker war? Doch wohl nicht. Die gewaltige und gewalttätige Antwort der Slawen auf die blutige Unterdrückung in ottonischer Zeit ist der große Slawenaufstand von 983, bei dem die Bistümer Brandenburg, Havelberg und Hamburg zerstört werden. Für die folgenden 200 Jahre sind alle Ergebnisse ottonischer Ostpolitik einschließlich der Christianisierung vernichtet. Dieser Aufstand hängt also nicht mit der sogenannten angeborenen «Grausamkeit slawischer Horden» zusammen, sondern der Aufstand war eine endliche Antwort auf eine allen christlichen Grundsätzen spottende Gewaltpolitik, die mit dem Namen Ottos des Großen und seinem Markgrafen Gero verbunden ist. Die hier wiedergegebenen Abbildungen der von der Wissenschaft rekonstruierten slawischen Burg von Spandau und die Rekonstruktion eines slawischen Tempels zeigen allzu deutlich, daß wir es mit einer den Sachsen gleichwertigen Kulturwelt zu tun haben. Das sollte man endlich begreifen.

Rekonstruktionsversuch eines slawischen Tempels in Groß Raden, Kreis Schwerin (Quelle siehe Karte Seite 93)

Karte: Sachsen und Slawen
in Norddeutschland im 10. Jahrhundert
(Aus der Ausstellung des Westberliner Museums
für Vor- und Frühgeschichte «Slawen und Deutsche . . .»
Berlin 1983)

○ ‡	Erzbistum
○ †	Bistum
○	Burg, Castellanei, Stadt (Auswahl)
	Verlauf wichtiger Wege
	Westgrenze des gehäuften Auftretens slawischer Ortsnamen

Rekonstruktionsversuch von Burg und Siedlung des slawischen Spandau um 800 (Quelle siehe oben)

«Ein Stein des Anstoßes» oder
Wie man in Wandsbek Geschichte «bewältigt»

Wer den Wandsbeker Bahnhof in Richtung Wandsbeker Gehölz verläßt, stößt gleich hinter den Gleisen auf einen Findling, auf dem zehn Daten über die Wandsbeker Geschichte eingehauen sind. Schauen wir uns den Stein etwas näher an, denn er hat bezüglich seines Inhalts zwei Fassungen, was bei Steinen bekanntlich selten ist!

Ursprünglich, 1937/38, lautete die erste Zeile unter der Überschrift «Wandsbek»: «1500 vor Christi Urgermanische Siedlung». Heute lautet diese erste Zeile: «1500 vor Christi Erste Siedlung».

Beide Inschriften und die Tatsachen, die sie ausdrücken sollen, sind durch nichts belegt, auch wenn man sich das «Urgermanische» nach 1945 abgeschminkt hat. Die oben* wiedergegebene archäologische Fundkarte des Bezirks Wandsbeks zeigt wissenschaftlich exakt, wo im historischen Ortskern Wandsbek Funde gemacht wurden. Ob bis zum Jahr 1296, als das Dorf Wandsbek zuerst schriftlich erwähnt wird (in der Urkunde der Grafen von Schauenburg, die dem Kloster Frauenthal in Harvestehude die Einkünfte aus 13 Dörfern übertrugen, darunter auch solche aus dem Dorf Wandsbek), eine durchgängige Besiedlung bestand, das ist völlig ungewiß. Deshalb ist auch die zweite Zeile unter der Überschrift auf dem Stein willkürlich: «800 nach Christi germanisch-sächsisches Dorf».

Es gibt keinen Beweis dafür, ob das 1296 urkundlich zuerst erwähnte Dorf bereits 500 Jahre bestand oder erst 100 oder 200 oder 300 Jahre. Die Archäologie kann hier gar keine oder nur äußerst vorsichtige Antworten geben.

Die beiden folgenden Zeilen
«1296 erste urkundliche Erwähnung
1588 erster Schloßbau Rantzau»
sind exakt. Aber schon die nächste Zeile gibt wieder Rätsel auf:
«Nach 1762 Schimmelmann. Matthias Claudius.»
Was soll das? Richtig hätte es heißen müssen:
«1762 Schimmelmann kauft das Gut Wandsbek. Ab 1770 Matthias Claudius in Wandsbek»

Beide Persönlichkeiten übrigens in einem Atemzug zu nennen, verbietet sich auch deshalb, weil es gar keinen Beweis dafür gibt, ob der Freiherr den Dichter überhaupt persönlich kannte. Wir können nur beweisen, daß der Dichter der Gattin des Freiherrn sehr gut bekannt war. Sie hat ihn des öfteren unterstützt.

* siehe S. 40/41

94

Die nächsten vier Zeilen, die über den Flecken Wandsbek und darüber Auskunft gibt, wann Wandsbek zum Herzogtum Holstein kam und ab wann es preußisch war, wann es Stadt wurde, nämlich 1870, und wann es kreisfrei wurde, nämlich 1901, sind stimmig. Jetzt kommen wir zur Schlußzeile. Die Schlußzeile hieß ursprünglich: «1937 Vereinigung mit Hamburg unter dem Führer Adolf Hitler»

Das wollten die Wandsbeker Ortspolitiker so nach 1945 natürlich nicht stehen lassen. Anstatt nun aber vernünftigerweise den ganzen Stein zu entfernen, der genauso viel Unsinn enthält wie einige Binsenweisheiten, werden die Schlußzeilen und die erste Zeile zusammen «entnazifiziert». Die urgermanische Besiedlung fällt Hammer und Meißel genauso zum Opfer «wie der größte Führer aller Zeiten». Da steht nun der Stein des Anstoßes, und Tausende gehen täglich an im vorbei. Er sieht sehr unansehnlich aus, denn irgendwelche Sprühteufel haben ihn auch noch mit Farbe angesprüht. Soll man lachen, oder soll man weinen über soviel Hilflosigkeit und Gedankenarmut einer Generation, die immer versucht, der Geschichte hinterher zu rennen, sie aber offensichtlich nie einholt und sie im übrigen fast nie begreifen will?

Grab von Matthias Claudius (B)

Matthias Claudius

Wenn wir nichts über ihn wüßten und schlügen einen seiner «Boten» auf, so würden wir bald merken, was für einen Menschen und Dichter wir da vor uns haben. Als Beispiel: «Sämmtliche Werke des Wandsbecker Bothen, I. und II. Teil (1775) und «Der Deutsche, sonst Wandsbecker Bothe», 5. Jahrgang, 1775. Willkürlich haben wir einen Jahrgang herausgegriffen. Aber wir müssen unterscheiden: «Der Deutsche, sonst Wandsbecker Bothe» war ein Nachrichtenblatt, das zwischen 1771 und 1775 erschien, und dieses Nachrichtenblatt kam in jeder Woche viermal heraus, und zwar Dienstag, Mittwoch, Freitag und Sonnabend. Die «Sämmtlichen Werke . . .» dagegen erschienen zwischen 1775 und 1812 achtmal. Hier kommt der Dichter, nicht der Redakteur Claudius zu Wort. Hier ist nicht einfach gesammelt, was aus dem Nachrichtenblatt für die Ewigkeit bestimmt ist; es werden zwar Gedichte und Abhandlungen aus dem Nachrichtenblatt übernommen, aber es erscheint auch viel Neues. Die «Sämmtlichen Werke . . .» sind ein literarischer Almanach, der, mit mindestens einem Kupferstich versehen, wie gesagt, insgesamt achtmal von Claudius herausgegeben wurde.

Schauen wir uns zunächst das Nachrichtenblatt an, und zwar das von Mittwoch, den 4. Januar 1775. Der Leser findet zwei der vier Seiten des Blattes hier abgedruckt, damit er sich einen Eindruck machen kann. Ich meine, gemessen an den Verkehrsverbindungen des 18. Jahrhunderts, war dieses Nachrichtenblatt durchaus aktuell. Die älteste Nachricht in dieser Ausgabe vom 4. Januar aus Ragusa (das heutige Dubrovnik) datiert vom 21. November 1774, war also ungefähr fünf Wochen alt. Hier wird geschildert, wie rüstig eine über 100jährige Frau noch ist. Die jüngste Nachricht in dem Blatt stammt aus Berlin. Sie ist gerade fünf Tage alt und behandelt Geldgeschenke, die Friedrich der Große an den Prinzen Friedrich und andere höhere Offiziere vergab. Hatte das Nachrichtenblatt Schwerpunkte? 1775 zum Beispiel wird sehr ausführlich und fast in jeder Ausgabe über ein weltgeschichtliches Ereignis berichtet: den Beginn der amerikanischen Revolution, die bekanntlich mit der vollständigen Lostrennung der englischen Kolonie in Amerika vom Mutterland endete und zur Gründung der Vereinigten Staaten von Amerika führte. Mit deutlicher Sympathie berichtet Claudius über die Unabhängigkeitsbestrebungen. Das kommt aber keineswegs direkt zum Ausdruck, denn der Dichter enthält sich jeder eigenen Meinung. Aber die Auswahl der Nachrichten ist so, daß der Leser den Fortgang der Revolution sowohl aus der Sicht der englischen Regierung und des englischen Parlaments und des britischen Militärs kennenlernt, aber auch aus der Sicht Washingtons. Zu Wort kommen auch englische Kaufleute, die das Vorgehen der englischen Krone gegen die rebellierende Kolonie, und zwar aus rein kommerziellen Gründen, keineswegs billigen und das auch immer wieder öffentlich äußern.

Der Schwerpunkt des «Bothen» sind Nachrichten über politische Vorgänge in aller Welt. Aber wir erfahren auch anderes. Da hat zum Beispiel England aus Frankreich 300 000 Eier eingeführt. Da hat der Wärter einer Irrenanstalt eine Insassin geschwängert. Die neuesten Börsenkurse (vom Tage vorher) werden mitgeteilt und — die Lotteriezahlen. Auch Kriminelles wird mitgeteilt. Der «Bothe» berichtet über die Beutezüge eines Taschendiebes und über einen Mann, der sich in Lausanne als Lotterieeinnehmer ausgab und so eine riesige Summe an sich brachte. Aber er wird geschnappt, und zwar in Venedig, wo er gerade mit leichten Mädchen eine Orgie feierte, wie das in diesen Kreisen so üblich ist. Man sieht, die Vorläufer von Interpol waren schon erfolgreich und die Betrüger benahmen sich vor 200 Jahren ähnlich wie heute. Es werden auch zur Unterhaltung des Lesers kleine Anekdoten mitgeteilt. Hier ist eine:

> In Paris wird eine Komödie aufgeführt. Es handelt sich um ein Liebesdrama. Lange liegt ein Verliebter vor seiner Angebeteten auf den Knien. Aber er kann sie nicht erweichen. Sie will nichts von ihm wissen, und mit Gebärden des Abscheus weist sie auf offener Bühne sein Verlangen nach Liebe zurück.
>
> Da das Liebesflehen sehr lange dauert, platzt einem Zuschauer endlich der Kragen, denn er kennt die Schauspielerin. Wütend ruft er aus seiner Loge dem verschmähten Liebhaber zu: «Lassen Sie sich durch diese Grimassen nicht abschrecken. Drücken sie ihr nur vier Goldstücke in die Hand, so setze ich meinen Kopf daran, sie wird sich gegen Sie ebenso gefällig zeigen, als sie es gerade gestern abend für eben diese Summe gegen mich war.»
>
> Die Aufführung war selbstverständlich «geschmissen», wie man so sagt. Das Publikum lachte Tränen.

Natürlich hatte auch der Redakteur Claudius Sorgen, wie er in der Saure-Gurken-Zeit sein Blatt füllen sollte. Also berichtet er in den Nummern 141 und 143 von 1775 ausführlich über eine erfolgreiche Bandwurmkur, die in Paris praktiziert wurde. Der Leser schwankt, ob er wegen der außerordentlichen Quälereien mit Speisen und verschiedenen Arzneien mehr den Bandwurmträger oder mehr den Bandwurm bedauern soll. Eine ständige Rubrik im «Bothen» heißt: Gelehrte Sachen. Claudius berichtet unter dieser Überschrift über Neuerscheinungen auf dem Buchmarkt. Es werden sowohl Sachbücher als auch Druckwerke schöngeistigen Inhalts rezensiert. Claudius ist zum Beispiel als Pietist ein scharfer Gegner des Selbstmordes und steht Goethes «Werther», der bekanntlich 1774 erschien, äußerst reserviert gegenüber. Mit nicht zu unterdrückender Schadenfreude berichtet Claudius von den zahlreichen «Nachdichtungen» und Parodien, die nun zu dem Thema Werther auf den Buchmarkt kommen. Als nun aber ein Machwerk wie «Die Leiden der jungen Wertherin» in Eisenach erscheint, wird es auch Claudius zu bunt, und er fordert, daß es wünschenswert wäre,

Das ehemalige Wohnhaus von Matthias Claudius 1860 (A)

Matthias-Claudius-Gymnasium 1985 (B)

daß den Dingen nun ein Ende gemacht würde, und «wir vermuten, der Herr Dr. Goethe selbst werde wünschen, daß sein Werther weder von Verteidigern noch Angreifern noch Nachahmern herumgezaust werde!»

Oder an einer anderen Stelle: «Der arme Werther! Er hat sonst so feine Einfälle und Gedanken. Wenn er doch eine Reise nach Paris oder Peking getan hätte! So aber wollt' er nicht weg vom Feuer und Bratspieß und wendet sich solange daran herum, bis er kaputt ist . . .»

Aber es wird unter der Rubrik «Gelehrte Sachen» auch über sehr ernsthafte Dinge berichtet, zum Beispiel über die Neuerscheinungen der Werke Voltaires oder über die Erfahrung mit dem Unterricht für Taubstumme. Belassen wir es bei diesem Eindruck. Auch 200 Jahre später ist der «Wandsbeker Bothe» für den interessierten Leser

No. 2.

Der Deutsche, sonst Wandsbecker Bothe.

Ao. 1775.

Mittwochs, den 4ten Januar.

Ragusa, den 21 November.

Hier lebt noch die Mutter des berühmten Mathematikers, Pater Boscowich, die über hundert Jahr alt, und gegenwärtig die älteste Person in unsrer Stadt ist; sie liest und schreibt ohne Brille, hört sehr wohl, und hat noch ihr Gedächtniß, und ein fröhliches Wesen. Sie besucht noch fleißig die Messen und ihre Kinder, von welchen eine Tochter 81, eine zwepte 79, und ein Sohn 71, der Pater Boscowich Co, und eine 3te Tochter 69 Jahr alt ist. Ihre Gesundheits-Umstände lassen hoffen, daß sie noch lange leben werde.

Venedig, den 10 December.

Der Streit zwischen unserer Republik und dem Hause Oesterreich, wegen der Gränzen von Zecca und Corbavia, der mit Thätlichkeiten anfieng, hat sich in eine Negociation verwandelt.

Warschau, den 24 December.

Die Delegation ist bis auf den 1sten Februar künftigen Jahres limitiret worden.

Das Project, papierenes Geld zu machen, ist verworfen worden.

Der König von Preußen läßt denen, die in den drey Waywodschaften, Culm, Marienburg und Pommerellen, Starosteyen besetzen haben, ansehnl. Summen zahlen.

Die Weichsel ist wieder ausgetreten, wodurch sonderlich diejenigen, welche Holz am Ufer hatten, viel Schaden gelitten haben.

Die Sache wegen der Jesuiter Güter dürfte noch groß Lärmen verursachen, weil der Adel diejenigen Güter wieder zurück verlangt, die als adeliche Güter ehemals an den Orden gegeben worden, weil nach verschiedenen Gesetzen die adelichen Güter nicht haben können alieniret werden.

Die Redouten werden hier gleich nach dem neuen Jahre ihren Anfang nehmen, und immer in dem dazu privilegirten Palais des Fürsten Sulkowsky, Waywoden von Gnesen, auf der neuen Welt gehalten werden.

In Ansehung der auf gegenwärtigem Reichstage durch die Delegation gemachten Constitution, hat der Graf Sagramoso, Ministre des Maltheser Ordens an hiesigem Hofe, vermöge der dazu von seinem Großmeister habenden Vollmacht, verschienen Contras, in der Capelle des Päbstlichen Nuntius, auf eine solenne Art, Maltheser Kreuze, und die dazu gehörigen Aemter ertheilet. Der Fürst Adam Poninsky, Conföderations- und Reichstags Marschall, ist zum Großprior in Pohlen...

Aus dem Brandenburgischen, d. 31 Dec.

Der König soll dem Prinzen Friedrich von Braunschweig, und einigen andern Generalen ansehnliche Geldsummen geschenkt, auch einigen Staabsoffizieren, von ausserhalb Berlin stehenden Regimentern Amtshauptmannschaften verliehen haben.

(Bepm Schlusse dieses fehlten hier die Dänische, Holländische und 2 Englische Posten.)

Gelehrte Sachen.

"Einleitung in die Forstbotanick." Verfaßt "zum Gebrauch academischer Vorlesungen von Friedrich Wilhelm Weiß, Doctor der Arzeney-Wissenschaft. Göttingen, im Verlag der Wittwe Vandenhöck. 1774."

Diese Schrift ist eigentlich eine vorläufig abgedruckte Probe von einem größern Werke das der Herr Doctor Weiß unter Händen hat, und davon künftigen Ostern der erste Theil herauskommen wird, unter dem Titel: D. Fr. Wilh. Weiß Entwurf einer Forstbotanick.

Die Einrichtung des Entwurfs wird die seyn, daß in dem gedachten ersten Theil: von den in Teutschland einheimischen Bäumen und Sträuchern die vorzüglich in Forsten cultivirt, und im zweiten: von den ausserhalb Teuschland wachsenden Bäumen und Gesträuchen, die unser Clima vertragen, und in Forsten, meistens aber in Privatpflanzungen und Lustgärten gezogen werden können, gehandelt werden soll, auf theoretische und practische Art, d. i. aus Gründen der Botanick mit der teutschen, französischen, Englischen und Lateinischen Terminologie, und mit einer Unterweisung von der Cultur und der Nutzung der verschiedenen Arten Bäume und Gesträuche ic. Die zur Erläuterung der botanischen Terminologie gehörigen Figuren, deren Anzahl beträchtlich seyn wird, sollen nach der Natur gezeichnet und sauber in Kupfer gestochen, und jedem Theil ein fünffaches Register beygefügt werden. Der erste Theil wird ohngefähr 2 Alphabete ausmachen. Da nach der Einrichtung dieses Werks Liebhaber des Forstwesens nicht allein eine genaue Botanische Kenntniß der vornehmsten Objecten ihrer Kunst erlangen können, sondern zugleich in den Stand gesetzt werden, die Forstschriftsteller verschiedener Nationen leichter zu verstehen; so ist kein Zweifel, daß so ein Buch, bey der itzo allgemein eingeführten äusserst nützlichen Cultur des Forstwesen von vielem Nutzen und sehr willkommen seyn werde. Nach dem oben angezeigten Probe zu urtheilen hat der Herr Doctor vielen Fleiß auf sein Buch gewandt, und er scheint in diesem Felde der Wissenschaften sich sehr umgesehen zu haben, und mit den dahin gehörigen Schriftstellern sehr bekant zu seyn.

Den Liebhabern und Kennern der Musik dienet zur Nachricht, daß ich auf des Hrn. Capellmeisters Bach Cantate "die Israeliten in der Wüsten" und auf des Hrn. Musikdirectors Rolle geistliche Lieder Subscription annehme. Der Preis der erstern, welche in der Mitte des Junius geliefert wird, ist 1 Louisd'or oder 6 Mark 10 ßl. Courant, und der Preis der letztern, welche gleich nach der Ostermesse geliefert werden, ist 1 Reichsthaler leicht Geld oder 2 Mark 10 ßl. Courant. Das Geld wird erst bey Empfang der Exemplare entrichtet. Die Nahmen derjenigen, die bis den 15ten dieses Monats subscribiren, können bey den beyden Werken vorgedruckt werden. Auf des Hrn. Reichards 6 Clavier Concerte, wovon der Preis 1 Holländischer Dukaten ist, nehme ich gleichfalls Subscribtion an, so wie ohne Ausnahme auf alles was in des Herrn Legationsrath Klopstocks Plan auf Subscription herauskommt. Hamburg, den 2ten Januar, 1775.

Johann Martin von Winthem.

Von dieser Zeitung werden wöchentlich 4 Stück ausgegeben; sie ist auf allen Post- u. Aemtern um den gewöhnlichen Preis quartalweise, einzeln aber in der Trambugischen und übrigen Zeitugsbuden, in Hamburg zu haben.

Der Wandsbecker Bote vom 4. Januar 1775, 1. und 4. Seite (F)

Matthias Claudius, Lithographie von Otto Speckter (C)

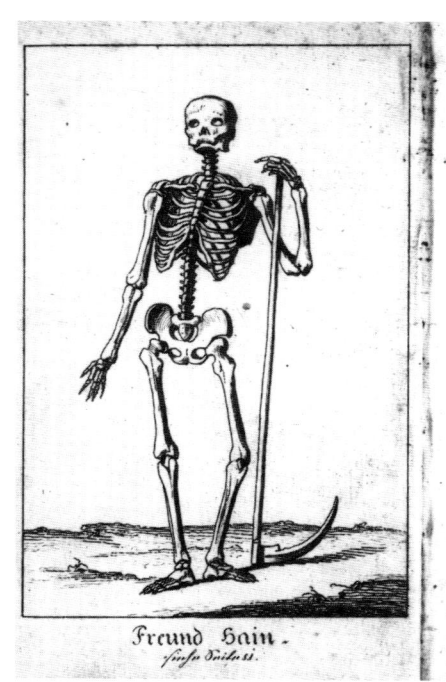

Titelkupfer und Titel des Wandsbecker Boten I. und II. Teil, 1775 (F)

Der Wandsbecker Bote von 1845, Titel (F)

mehr als nur eine amüsante Lektüre. Man lernt die Zeit kennen und das, was die Menschen damals dachten und was sie interessierte. Ab und zu bringt der «Bothe» ein Gedicht, zum Beispiel dieses:

An den Frühling
O, lieber Lenz, wie leer
Sind diese Felder!
Wie traurig um mich her
Die grauen, ihres Schmucks beraubten Wälder . . .

Aber auch solche hübschen Sachen finden wir, wie

Auf einen Kritikaster
Er schlägt ein ganzes Heer
Autoren in den Staub dahin
Held Simson war ein Kind nur gegen ihn.
Jedoch er hat, gesagt zu Simsons Ehr',
Auch eine Eselsbacke mehr.»

Ein anderer schöner Vers, den wir im «Bothen» finden, lautet:

Es legte Adam sich im Paradiese schlafen
Da ward aus ihm das Weib geschaffen.
Du armer Vater Adam, du!
Dein erster Schlaf war deine letzte Ruh.

Da gibt es die satirische Grabschrift auf den Windmüller Jackson:

Hier liegt der Müller Jackson! Er lebte vom Winde mit liebem
Weib und Knaben
Es leben auch sonst noch viele davon
Die keine Mühle haben.

Und wir lesen den elegischen Brief an den Mond Nummer 1, der mit den Worten beginnt: «Stille glänzende Freundin, ich habe sie lange heimlich geliebt . . .» Und man muß gleich an unseren langen Generalisten denken, wenn man bei Claudius liest: «Es ist besser, daß ein Narr beherrscht werde, denn er herrsche.»

Nach Claudius' Tod dauerte es lange, bis versucht wurde, die Tradition des «Wandsbecker Bothen» wieder aufzunehmen. 1845 erscheint «Der Wandsbecker Bothe, ein Volksbuch», herausgegeben in Hamburg von Ludwig Lenz. Das Volksbuch hat aber weder Ähnlichkeit mit dem Nachrichtenblatt von Claudius noch mit seinen Almanachen. Es ist vielmehr ein mit vielen Holzschnitten versehenes Druckerzeugnis, das schwerpunktmäßig die wichtigsten Ereignisse der Zeit festhält, zum Beispiel sehr ausführlich den Hamburger Brand von 1842 und den begonnenen Wiederaufbau der Stadt mit Abbildungen der wichtigsten Gebäude und – eine Generalogie zahlreicher Fürsten. Da war Claudius durchaus kritischer. Claudius wußte sehr wohl zu unterscheiden zwischen dem «großen und guten Fürsten» und dem, der Blut saugte. Claudius' «Bothe» hatte also keinen Nachfolger gefunden, denn Claudius war tot, und er allein hätte seine Blätter ganz mit der Eigenart seiner Persönlichkeit erfüllen können.

Worin bestand diese Eigenart? Das Stichwort, wir hatten es schon erwähnt, heißt «Pietismus». Das war eine religiöse Strömung innerhalb des Protestantismus, die als eine Antwort auf das grauenhafte Elend des 30jährigen Krieges aufgefaßt werden muß: sich wegwenden von der leichenüberdeckten Erde mit ihren Gräbern, eine subjektiv persönliche Hinwendung zu Gott. Oder, wenn man es prosaischer ausdrücken will: die Pietisten wollen es mehr mit dem Himmel zu tun haben als mit der Erde, wo der Mensch, und Claudius hat das oft betont, nicht «zu Hause» sei. So steht es zum Beispiel in dem bekannten Brief des Dichters an seinen Sohn Johannes. In der Dichtung, und auch das ist für Claudius charakteristisch, bedeutete der Pietismus Verinnerlichung und Empfindungsreichtum. Der Mond (vor allem der Mond), die Sonne, die Jahreszeiten, der treue Hund, die rührende Betrachtung der schlafenden Ehefrau — alles das sind immer wiederkehrende Motive in der Dichtung von Claudius. Und wir müssen es bekennen, für eine solche Art von Dichtung sind nicht wenige Menschen bis heute empfänglich: Ein Trostbüchlein in einer Zeit, die aus den Fugen geraten war und ist. Aber es wäre ganz falsch, wenn wir dabei die negativen Seiten des Pietismus übersehen würden, die natürlich auch bei Claudius ganz kraß hervortreten. Sein persönlicher Glaube hindert den Dichter, das wichtigste gesellschaftliche Problem seiner Zeit zu erkennen: die Endzeit der Fürstenherrschaft, die Konstituierung bürgerlicher Ordnung und bürgerlicher Freiheit, wie sie in der amerikanischen und der französischen Revolution zum Ausdruck kamen. Die Vorstellung, der Mensch könne sein Leben als Bürger selbst gestalten und grundlegend zum Positiven ändern, diese Vorstellung war Claudius ganz fremd, ja, er bekämpft sie entschieden. Der politisch bewußte Mensch, der gegen die Fürstenherrschaft kämpft, um den Menschenrechten zum Durchbruch zu verhelfen, alles das ist dem Dichter Claudius ein Greuel.

Der bekannte Historiker Prof. Dr. Walter Grab sieht das so:

«Zu Beginn der Revolution fanden sich nur wenige führende Geister, die nicht vom allgemeinen Enthusiasmus über den Anbruch einer neuen glücklichen Menschheitsära ergriffen waren. Zu denen, die dem aristokratisch-dynastischen Gedanken treu blieben, gehörten der Verfasser der ‹Preußischen Kriegslieder› und Verehrer Friedrich des Großen, Johann Wilhelm Ludwig Gleim, sowie Fritz Leopold von Stolberg, der in den 70er Jahren als Mitglied des Göttinger Hain-Bundes einige Freiheitsgedichte geschrieben hatte, nunmehr aber, als die Franzosen diese Freiheit verwirklichen wollten, das Nachbarvolk als ‹Westhunnen› schmähte. Am entschiedensten wurde die Menschenrechtserklärung vom ‹Wandsbecker Bothen› Matthias Claudius abgelehnt, der sich durch seine volkstümliche und didaktische Lyrik einen Namen gemacht hatte.
Als gläubiger Christ hielt Claudius starr am Gottesgnadentum der Monarchen und an der Of-

fenbarungslehre fest. Er negierte die Prinzipien der Volkssouveränität und des legitimen Widerstands gegen die despotische Obrigkeit und wünschte die traditionelle Sozialhierarchie unter moralischer Lenkung der Kirche beizubehalten. Freiheit galt ihm stets als die innere Freiheit als Christenmenschen im Sinne Luthers, mit der die äußere Unfreiheit, die Unterwerfung und die gotteswollte Ordnungsgewalt, durchaus in Einklang stand.»*

* Walter Grab, Ein Volk muß seine Freiheit selbst erobern. Frankfurt a. M. 1984, S. 17/18

Diese begründete Meinung Grabs ist sicher für viele Leser neu, und mancher wird sich fragen: Werden wir Claudius gerecht, wenn wir ihn mit einem solchen Maßstab messen? Ich meine, es müßte in jedem Fall der Maßstab der Zeit sein und nicht unser heutiger Maßstab. Und hier können wir einen der engsten Freunde von Claudius als Zeugen zitieren, der zur bürgerlichen Freiheit, zu den Menschenrechten, zur großen Revolution der Franzosen den genau entgegengesetzten Standpunkt einnahm als Claudius ihn hatte: Friedrich Gottlieb Klopstock (1724 bis 1803), der große Odendichter, der leider nicht mehr gelesen wird. Klopstock liegt übrigens vor der Ottensener Kirche in Altona begraben. Die Französische Revolution ernannte ihn (neben Schiller und Campe) mit Recht zum Ehrenbürger. Klopstock ist einer der ganz wenigen deutschen Dichter, der die weltumwälzende Bedeutung der amerikanischen und der französischen Revolution erkannte, sie enthusiastisch begrüßte und sein Vaterland bedauerte, daß es nicht den Gipfel der Freiheit erstiegen habe. Was Klopstock nicht ahnen konnte, ist, daß die Geschichte Deutschlands gerade deshalb einen so eigentümlichen Verlauf mit sehr dunklen Perioden nahm, weil wir niemals eine siegreiche bürgerliche Revolution erkämpften. Erst in unserer Zeit erkennt eine jüngere Generation, was es bedeutet, in einem freien demokratischen Staatswesen zu leben. 200 Jahre, nachdem Klopstock das folgende Gedicht schrieb, das der Historiker Zeile für Zeile nur dick unterstreichen kann, lesen wir es mit dem größten Interesse und Verständnis, und es ist sicher bezeichnend, daß wir es in keinem deutschen Schullesebuch finden:

Sie, und nicht wir
Hätt' ich hundert Stimmen; ich feierte Galliens Freiheit
Nicht mit erreichendem Ton, sänge die Göttliche schwach . . .
Ach mein Vaterland! Viel sind der Schmerzen; doch lindert
Sie die heilende Zeit, und sie bluten nicht mehr.
Aber es ist ein Schmerz, den sie nie mir lindert! Und kehrte
Mir das Leben zurück; dennoch blutet er fort!
Ach du warest es nicht, mein Vaterland, das der Freiheit
Gipfel erstieg, Beispiel strahlte den Völkern umher:
Frankreich wars! Und du labtest dich nicht an der frohsten der Ehren
Brachest den heiligen Zweig dieser Unsterblichkeit nicht! . . .*)

*) Friedrich Klopstock, Ausgew. Werke, Bd. 1, Wiesbaden o.J., S. 142/43

Wohlgemerkt, es geht nicht darum, Claudius, diesen liebenswürdigen Dichter in irgendeiner Weise herabzusetzen. Aber es geht nicht, daß wir ihn kritiklos in seiner Zeit sehen. Er war auch nicht, wie wir zeigten, ein harmloser versponnener Mensch, der die Welt nicht begriff. Er begriff sie sehr wohl. Es gibt ungerechte Urteile über Claudius, wie dieses: ein fauler, lebensuntüchtiger Mensch. Das ist ein sehr oberflächliches und eigentlich dummes Urteil, was man aus seinem Lebenslauf nicht ablesen kann, wenn man die Umstände der Zeit berücksichtigt. Die Zeit, die zweite Hälfte des 18. Jahrhunderts, war den Schriftstellern nicht günstig gesonnen. Eine Öffentlichkeit im heutigen Sinne und auch ein wirksames Urheberrecht für die Autoren gab es nicht. Nur bedingungslose Fürstendiener, wie zum Beispiel August von Kotzebue, konnten gut von ihren literarischen Erzeugnissen leben. Die meisten Dichter dagegen, wie Schiller und Lenz, hungerten. Letzterer starb verhungert auf der Straße. Große Dichter wie Hölderlin gingen geistig an ihrer Zeit zugrunde. Der psychisch Kranke vegetierte jahrzehntelang in Tübingen. Oder lesen wir Lessings Lebenslauf. Wie mußte er sich herumplagen, immer am Rande des Existenzminimums! Auch bei der Familie Claudius mit den vielen Kindern war Schmalhans fast das ganze Leben lang Küchenmeister. Und was wäre aus dem Dichter geworden, wenn er nicht eine so handfeste lebenstüchtige Lebensgefährtin gehabt hätte wie die einfache Frau aus dem Volk, Anna Rebecca Behn aus Barmbek, mit der er eine glückliche vorbildliche Ehe führte?

Matthias Claudius wurde am 15. August 1740 als Sohn eines Pastors in Reinfeld im Herzogtum Plön geboren. Nach dem Besuch des Gymnasiums in Plön und der Universität Jena (Studium der Theologie, dann Rechts- und Verwaltungswissenschaft) kehrte Claudius 1763 ohne Abschlußexamen nach Reinfeld zurück. 1764/65 arbeitet er in Kopenhagen als Sekretär des Grafen von Holstein. Der dänische Königshof förderte zu dieser Zeit entschieden deutsche Dichter wie zum Beispiel Klopstock und Schiller. Aber lange hielt Claudius ein solches Amt wie in Kopenhagen nicht aus, weder 1764/65, noch als Journalist der Hamburger «Addreß-Comtoir-Nachrichten», wo er Börsenberichte sammeln und über ankommende und auslaufende Schiffe berichten mußte. Auch der «Wandsbecker Bothe», den Claudius zwischen 1771 und 1775 herausgab, konnte sich nur diese paar Jahre halten. An der Zeitung hatten unter anderem Herder, Lessing, Goethe und Klopstock mitgearbeitet. Noch einmal versucht Claudius an einem Hof Fuß zu fassen, und zwar als Oberlandesökonomierat am Darmstädter Hof zwischen 1776 und 77. Bald kehrt er mit seiner Familie nach Wandsbek zurück. Er konnte und wollte nicht «bei Hofe» dienen. Zwischen 1775 und 1812 gibt er seine Werke in acht Teilen heraus. Aber die Familie kann nur knapp davon leben. Es ist der dänische Königshof, der Claudius dann entscheidend unterstützt, und zwar in der Person des Kronprinzen Friedrich, dem späteren König Friedrich VI. (1808 bis 1839). Nachdem Claudius schon eine allerdings bescheidene Rente gewährt worden war, wird der Dichter 1788 zum Revisor der «Schleswig-Holsteinischen Bank von Altona» ernannt. Diese Tätigkeit (Revision in der Bank einmal im Jahr) wird ihm (nach heutiger Kaufkraft) mit immerhin 36 000 DM vergütet. Endlich hatte der Dichter keine Geldsorgen mehr. Matthias Claudius stirbt am 21. Januar 1815 in Hamburg. Er ist seitdem ganz unterschiedlich beurteilt worden. Hermann Hesse schreibt zum Bespiel über ihn:

> «Matthias Claudius, der Wandsbeker Bote, ist nicht nur wegen der Wirkung, die er zu seiner Zeit auf viele getan hat, unvergessen geblieben, sondern seines Wesens wegen, in welchem ein beachtenswertes Stück Deutschtum Gestalt und Person geworden war. Fromm in tiefster Seele, mit einer gegen das Alter wachsenden Neigung zu einer herzlichen, doch engen Pietisterei, in den Wissenschaften nicht unbewandert, voll Bedürfnis nach beständigem Umgang mit Büchern, mit Kunst, mit geistigen Menschen, blieb er doch immer ein Kind und ein Stück Volk.»[*]

Wilhelm von Humboldt nennt Claudius eine völlige Null. Dieses Urteil ist sicher ungerecht. Claudius war rundum gebildet und konnte sich zum Beispiel in neun Sprachen verständigen, von denen er vor allem französisch und italienisch sehr gut beherrschte. Er stand auch mit den Gebildeten seiner Zeit in engem Kontakt. Man darf nur nicht den Fehler machen — und den machen manche — ihn in einem Atemzug mit Herder, Lessing, Klopstock, Schiller und Goethe zu nennen. Zu dieser Reihe

[*] Matthias Claudius, Frankfurt a. Main 1975, S. 369

unserer klassischen Dichter gehört Claudius nicht. Niemals war er ein Stürmer und Dränger, sondern bis an sein Ende ein höchst konservativer Monarchist. Ernste Frömmigkeit, Leben im Sinne Jesu Christi, die Welt ansehen als eine Vorbereitung auf das andere Leben — das sind Grundzüge seiner Lebenshaltung, und das spiegelt sich in seiner Dichtung wider, von der wir hier einiges wiedergeben. Ich erlebte eine Überraschung, als ich Jürgen Pieplow bat, eine Federzeichnung zu dem bekannten Gedicht von Claudius «Abendlied» (Der Mond ist aufgegangen . . .) zu machen. Man muß das, was eine jüngere Generation empfindet, wenn sie das Abendlied hört, auch durchaus akzeptieren. Wir wissen, die Welt, in der Claudius lebte, hatte schon mehr als einen großen Sprung. Und unsere Welt hat noch ganz andere Sprünge. Die junge Generation ist heute völlig im Recht, wenn sie Gedanken und Gefühle des «Wandsbecker Bothen» nicht mehr oder nicht mehr so nachvollziehen kann und auch nicht nachvollziehen will.

An meinen Sohn Johannes (Auszug)

Die Zeit kommt allgemach heran, daß ich den Weg gehen muß, den man nicht wieder kömmt. Ich kann Dich nicht mitnehmen und lasse Dich in einer Welt zurück, wo guter Rat nicht überflüssig ist.

Niemand ist weise von Mutterleibe an, Zeit und Erfahrung lehren hier und fegen die Tenne.

Ich habe die Welt länger gesehen als Du.

Es ist nicht alles Gold, lieber Sohn, was glänzet, und ich haben manchen Stern vom Himmel fallen und manchen Stab, auf den man sich verließ, brechen sehen.

Darum will ich Dir einigen Rat geben und Dir sagen, was ich funden habe, und was die Zeit mich gelehret hat. Es ist nichts groß, was nicht gut ist, und ist nichts wahr, was nicht bestehet.

Der Mensch ist hier 'nicht zu Hause, und er geht hier nicht von ungefähr in dem schlechten Rock umher. Dann siehe nur, alle andre Dinge hier mit und neben ihm sind und gehen dahin, ohne es zu wissen; der Mensch ist sich bewußt und wie eine hohe bleibende Wand, an der die Schatten vorübergehen. Alle Dinge mit und neben ihm gehen dahin, einer fremden Willkür und Macht unterworfen, er ist sich selbst anvertraut und trägt sein Leben in seiner Hand.

Und es ist für ihn nicht gleichgültig, ob er rechts oder links gehe.

Laß Dir nicht weismachen, daß er sich raten können und selbst seinen Weg wisse.

Diese Welt ist für ihn zu wenig, und die unsichtbare siehet er nicht und kennet sie nicht.

Abendlied 1986

Der Mond ist aufgegangen
Die goldnen Sternlein prangen
Am Himmel hell und klar
Der Wald steht schwarz und schweiget
Und aus den Wiesen steiget
Der weiße Nebel wunderbar

Abendlied 1986 — Grafik von Jürgen Pieplow

Spare Dir denn vergebliche Mühe und tue Dir kein Leid und besinne Dich Dein.
Halte Dich zu gut, Böses zu tun.
Hänge Dein Herz an kein vergänglich Ding.
Die Wahrheit richtet sich nicht nach uns, lieber Sohn, sondern wir müssen uns nach ihr richten.
Was Du sehen kannst, das siehe und brauche Deine Augen, und über das Unsichtbare und Ewige halte Dich an Gottes Wort.
Bleibe der Religion Deiner Väter getreu und hasse die theologischen Kannengießer.
Scheue niemand soviel, als Dich selbst. Inwendig in uns wohnet der Richter, der nicht trügt, und an dessen Stimme uns mehr gelegen ist als an dem Beifall der ganzen Welt und Weisheit der Griechen und Ägypter. Nimm es dir vor, Sohn, nicht wider seine Stimme zu tun; und was Du sinnest und vorhast, schlage zuvor an Deine Stirne und frage ihn um Rat. Er spricht anfangs nur leise und stammelt wie ein unschuldiges Kind, doch wenn Du seine Unschuld ehrst, löset er gemach seine Zunge und wird dir vernehmlicher.
Lerne gerne von anderen, und wo von Weisheit, Menschenglück, Licht, Freiheit, Tugend geredet wird, da höre fleißig zu. Doch traue nicht flugs und allerdings, denn

die Wolken haben nicht alle Wasser, und es gibt mancherlei Weise. Sie meinen auch, daß sie die Sache hätten, wenn sie davon reden können und davon reden. Das ist aber nicht, Sohn. Man hat darum die Sache nicht, daß man davon reden kann und davon redet. Worte sind nur Worte, und wo sie so gar leicht und behende dahinfahren, da sei auf Deiner Hut, denn die Pferde, die den Wagen mit Gütern hinter sich haben, gehen langsameren Schrittes.

Erwarte nichts vom Treiben und den Treibern, und wo Geräusch auf der Gassen ist, da gehe fürbaß ...

Über das Heiraten

Das Heiraten kommt mir vor wie'n Zuckerboltje oder -bohne; schmeckt anfangs süßlich, und die Leute meinen denn, es werde ewig so fort gehen. Aber das bißchen Zucker ist bald abgeleckt, und denn kommt inwendig bei den meisten 'n Stück Asa foetida oder Rhabarber, und denn lassen sie's Maul hängen. Bei dir nun soll's nicht so sein! Du sollst, wenn du mit dem Zucker fertig bist, eine wohlschmeckende, kräftige Wurzel finden, die dir dein lebelang wohltut! ... Die Weiber sind geschmeidige, gute Geschöpfe, und wenn du von einer hörst, die ihrem Manne krumme Sprünge macht, kannst du allemal zehn gegen eins wetten, daß er sich gegen sie nicht betrage, wie's einem christlichen Ehemann wohl zusteht.

Fuchs und Bär

Kam einst der Fuchs vom Dorfe her,
Früh in der Morgenstunde,
Und trug ein Huhn im Munde;
Und es begegnet' ihm ein Bär.

«Ah! guten Morgen, gnäd'ger Herr!
Ich bringe hier ein Huhn für Sie;
Ihr Gnaden promenieren ziemlich früh,
Wo geht die Reise hin?»
«Was heißest du mich gnädig, Vieh!
Wer sagt dir, daß ichs bin?»
«Sah Dero Zahn, wenn ich es sagen darf,
Und Dero Zahn ist lang und scharf.»

Abendlied

Der Mond ist aufgegangen,
Die gold'nen Sternlein prangen
  Am Himmel hell und klar,
Der Wald steht schwarz und schweiget,
Und aus den Wiesen steiget
  Der weiße Nebel wunderbar.

Wie ist die Welt so stille
Und in der Dämmrung Hülle
So traulich und so hold!
Als eine stille Kammer,
Wo ihr des Tages Jammer
Verschlafen und vergessen sollt.

Seht ihr den Mond dort stehen?
Er ist nur halb zu sehen
Und ist doch rund und schön!
So sind wohl manche Sachen,
Die wir getrost belachen,
Weil unsre Augen sie nicht sehn.

Wir stolze Menschenkinder
Sind eitel arme Sünder
Und wissen gar nicht viel.
Wir spinnen Luftgespinste
Und suchen viele Künste
Und kommen weiter von dem Ziel.

Gott laß uns dein Heil schauen,
Auf nichts Vergänglichs trauen,
Nicht Eitelkeit uns freun!
Laß uns einfältig werden
Und vor dir hier auf Erden
Wie Kinder froh und fröhlich sein!

Wollst endlich sonder Grämen
Aus dieser Welt uns nehmen
Durch einen sanften Tod!
Und wenn du uns genommen,
Laß uns in Himmel kommen,
Du unser Herr und unser Gott!

So legt euch denn, ihr Brüder,
In Gottes Namen nieder,
Kalt ist der Abendhauch.
Verschon' uns, Gott! mit Strafen,
Und laß uns ruhig schlafen!
Und unsern kranken Nachbarn auch!

Das Beil von Wandsbek

Es ist richtig, wenn betont wird, daß es Matthias Claudius mit seinem «Wandsbecker Bothen» war, der im 18. Jahrhundert den winzigen Ort Wandsbek dem gebildeten Deutschland bekannt machte. Für das 20. Jahrhundert gilt das nicht mehr, denn 1947 erschien der Roman eines der bedeutendsten deutschen Schriftsteller unseres Jahrhunderts, der mit seinem siebenbändigen Romanzyklus «Der große Krieg der weißen Männer» die in der deutschsprachigen Literatur umfangreichste literarische Darstellung des Ersten Weltkrieges schuf. Nun meldet sich der deutsch-jüdische Dichter, der die Nazizeit in Palästina überstand, wieder zu Wort mit einem 700 Seiten starken Roman «Das Beil von Wandsbek». Zu diesem Thema ist Arnold Zweig durch eine kleine Notiz in der Deutschen Volkszeitung Prag/Paris von 1938 angeregt worden. Der Roman spielt in Hamburg 1937/38 und hat folgenden Inhalt:

Im Sommer des Jahres 1937 bittet der Wandsbeker Schlachtermeister Albert Teetjen, der kurz vor dem geschäftlichen Ruin steht, seinen alten Kriegskameraden, den Hamburger Reichswirtschaftsführer Footh brieflich um ein Einschreiten gegen die erdrückende Konkurrenz der Warenhäuser, wie es Hitlers Parteiprogramm ein Jahrzehnt lang versprochen hatte. Teetjen ist ein einfältiger Kleinbürger, der gläubig die Versprechungen der Nazis in sich aufgenommen hat. Footh erwidert die naive Bitte des Parteigenossen mit dem Gegenvorschlag, er möge sich durch eine «Gefälligkeit» 2000 Mark verdienen: Wegen Erkrankung des Henkers kann die Hinrichtung von vier seit geraumer Zeit verurteilten Kommunisten nicht vollzogen werden, ein Umstand, der den längst fälligen für das Ansehen der Hamburger Wirtschaftskreise wichtigen Hitler-Besuch in Hamburg verzögert. Footh weist noch darauf hin, daß Reichsmarschall Göring ausdrücklich wünscht, daß die Hinrichtungen wieder mit dem Beil vorgenommen werden und Teetjen sei ja geübt in einem solchen Handwerk. Teetjen geht auf den Vorschlag ein. Mit dem Blutgeld ist bei ihm ein bescheidener Wohlstand eingezogen. Den Nachbarn fallen der Kaffeeduft im Hause und die neuen Schuhe der schlichten und liebenswürdigen Frau von Teetjen, Stine, auf, die ihrem Mann keine Fragen nach der Herkunft des Geldes stellt. Als Albert ihr jedoch aus eigenem Antrieb das Geheimnis offenbart, erfaßt sie stummes Entsetzen, denn starke religiöse Kindheitseindrücke lassen in ihr die Furcht vor einer «göttlichen Abrechnung» aufsteigen. Teetjens Stern scheint noch weiter zu steigen, denn bei dem Hitler-Besuch wird er dem Führer persönlich vorgestellt. Aber die Nachbarn haben durch Gerüchte Wind bekommen, was Teetjen mit seinem Schlachterbeil gemacht hat. Sie beginnen ihn zu boykottieren und allmählich beginnt der Boykott zu wirken. Niemand betritt mehr Teetjens Schlachterladen. Die wirtschaftliche Lage des Fleischers verschlimmert sich mehr und mehr, und auch seine Kumpane aus der Partei lassen ihn im Stich, da er die 2000 Mark vor ihnen verheimlicht hat. Footh, bei dem er nochmals sein Heil versucht, läßt sich verleugnen. Mit einem monatlichen Zuschuß von 20 Mark will er den unliebsamen Bittsteller abspeisen. Bald müssen die Teetjens ihre Einrichtung verpfänden und schließlich das Geschäft aufgeben. Sie sind vollständig ruiniert. Tagelang streift der arbeitslose Teetjen in Hamburg umher. Als er eines Tages nach Hause kommt, hat sich seine Frau aufgehängt. Teetjen nimmt seinen SA-Revolver und erschießt sich. In dem nach 1945 geschriebenen «Abgesang 1945» läßt Arnold Zweig zwei zurückgekehrte Emigranten von der merkwürdigen Auferstehung der vier Ermordeten berichten: Noch vor Kriegsausbruch legen vier sowjetische Frachter im Hafen an, die die Namen der vier ermordeten Kommunisten tragen.

Arnold Zweig

Damit ist in kurzen Zügen der Inhalt des Romans erzählt. Aber das ist nur die eine Ebene, die Zweig schildert, die Ebene des von den Nazis fanatisierten Kleinbürgertums. Ebenso plastisch schildert Zweig die Haltung und das unterschiedliche Verhalten Hamburger Intellektueller nach 1933 und die Ebene eines Teils der Hamburger Arbeiterschaft, die gegen Hitler eingestellt ist. Es ist kein Wandsbeker Roman allein, die Handlung führt uns auch nach Fuhlsbüttel, nach Harvestehude und in den Hafen. Die Atmosphäre ist verblüffend genau getroffen, wobei wir bedenken müssen, daß dieser Roman von einem geborenen Schlesier in Haifa geschrieben wurde. Der Roman Arnold Zweigs, in viele Sprachen übersetzt und zweimal verfilmt, kann einer jungen Generation, die uns Ältere immer wieder fragt, wie das alles kommen konnte, viele sehr überzeugende Antworten geben. Der Roman ist natürlich nicht gegen Matthias Claudius geschrieben. Aber es wird doch sehr deutlich, daß Arnold Zweig bewußt an dem durch Claudius bekannt gewordenen Ortsnamen «Wandsbek» anknüpft. Daß dabei die sonnige und auch die vom Mondschein beschienene Idylle von Wandsbek restlos zerstört wird, liegt auf der Hand. Eine der Romanheldinnen, die Ärztin Dr. Käthe Neumeier läßt Zweig das so ausdrücken:

«Käthe Neumeier schritt auf ihre energische Weise an diesem Sonntag gegen halb elf die lange Wandsbeker Chaussee hinab, eine ziemlich häßliche Straße, wenn man die Häuser und Fassaden in Betracht zog, die in Hamburgs Wachstumsjahren dort entstanden waren. Ursprünglich mußte sie, breit und gerade, eine schöne Landstraße gewesen sein — aber davon war heute nichts zu spüren. Die ganze Gegend, dachte Käthe Neumeier, Fontane würde sagen, sie sei heruntergekommen. Zur Zeit des Matthias Claudius, des Lessing und des strengen Diktators Klopstock machte man hier eine Landpartie vom Alsterbecken nach dem Park Wandsbek oder umgekehrt, in Schnallenschuhen, weißen Strümpfen, Kniehosen und warmen Radmänteln, wenn ein Wetterchen wie heute lachte. Aber eigentlich sollte ich diese beiden Epochen gar nicht vergleichen. Diese Leute trugen nicht nur andere Spazierstöcke, Frisuren und Tabakpfeifen als wir und führten andere Hunderassen an der Leine, in ihren Köpfen regierten auch ganz andere Gedanken. Die Einheit des Menschengeschlechts, Humanität, Aufklärung, Philanthropie oder Menschenliebe und der Glaube an die Macht des Verstandes. Die große Sonne der Vernunft stand über ihren gepuderten Locken, und mit Rousseau schworen sie auf die Güte des Menschen, der nicht bereit sei, vier seiner Brüder den Kopf abzuhacken, um sein Einkommen zu verbessern. Und wenn sie Organisationen angehörten, sie hießen die «Loge zur flammenden Morgenröte» oder «Zum großen Orient», und statt auf dem Weltbaumeister Adolf Hitler gründeten sie sich auf die Baumeister des salomonischen Tempels und ähnliche nebelhafte Gestalten. Bloß Uniformen sah man damals in Hamburg nicht so viele wie heute, und wie ich dazu komme, meinen Weg hier gewissermaßen im Jahre 1737 zurückzulegen, statt 1937, das sag mir mal einer.»[*]

In der bisherigen Literatur über Wandsbek ist der Roman von Arnold Zweig nie erwähnt worden, obwohl er Wandsbek Millionen Menschen in der ganzen Welt bekannt machte. Das ist sicher kein Zufall, ist doch aus der bisher vorliegenden Wandsbek-Heimatliteratur die Zeit zwischen 1933 und 1945 immer sehr sorgfältig ausge-

[*] Arnold Zweig, Das Beil von Wandsbek, Stockholm 1947, S. 481

spart worden. Auch die hier vorliegende Publikation kann diese Lücke nicht schließen, denn es gibt bisher keine wissenschaftliche Veröffentlichung zu dem Thema: «Der Alltag des Nationalsozialismus in Wandsbek», auf die ich mich stützen könnte. Daß es aber diesen Alltag des Nationalsozialismus in Wandsbek gegeben hat und daß auch hier am Wirkungsort des Matthias Claudius Barbarei vorherrschte, dafür nur ein einziges Zitat, ein paar Zeilen des heute noch hoch gerühmten Wandsbeker Heimatforschers Walter Frahm. Er schrieb 1935 über die Kulturpolitik der Nazis in Wandsbek folgendes:

> «Es gab eine Zeit, da man über kulturelle, insbesondere künstlerische Dinge, sehr liberal und individualistisch zu denken pflegte. In jener verflossenen parlamentarischen Ära, wo jede Meinung, war sie auch noch so klein und schändlich, öffentlich ausgesprochen, gedruckt, gemalt oder sonstwie propagiert wurde, vermittelte die Kunst daher auch nur ein Abbild dieser kläglichen Verhältnisse. Sogenannte Vereinigungen ‹geistig› Eingestellter bildeten Brutstätten jener Verrücktheiten und Schamlosigkeiten, die wir als Expressionismus, Futurismus, Dadaismus kennenlernen durften, ganz zu schweigen von jenen Künstlervereinen, deren Wortführer die wildesten Vertreter dieser «Kunstrichtung» waren. Nein, es hat schon sein Gutes, daß dieser ganze Spuk mit dem Sieg des Nationalsozialismus hinweggefegt wurde, so daß sich endlich wieder eine gesunde Grundlage für das deutsche Kunstschaffen finden ließ . . .»[*]

Aus diesen wenigen Zeilen spricht jener Geist der Kulturfeindlichkeit und der Menschenverachtung, der ja auch den Wandsbeker Schlachtermeister Albert Teetjen veranlaßte, vier unschuldigen Opfern der Nazis «die Rübe abzuhacken», wie man sich damals auszudrücken pflegte. Nochmals: Das Lesen des Romans »Das Beil von Wandsbek»[**] von Arnold Zweig kann nur dringend empfohlen werden, denn er beantwortet auch für Wandsbek die Grundfrage, die einer der Romanhelden, der sich als Jude in die Emigration retten konnte, so stellt:

> «Verstehen Sie übrigens, daß Deutschlands doch nicht machtlose Oberschicht dem Rattenfänger von Braunau und seiner Flöte Goebbels folgte, bis in den Abgrund, ins Unauslotbare . . .?[***]

[*] Walter Frahm, Wandsbek, Unsere Stadt in Wort und Bild, Wandsbek 1935

[**] Der Roman wurde auch zweimal verfilmt

[***] Arnold Zweig, Beil . . ., S. 680

Zum Schluß

Unser kleiner (und sicher nicht vollständiger) Spaziergang durch Geschichte und Gegenwart Wandsbeks ist beendet.

Trotz der vielen Zerstörungen im und nach dem Kriege sind sehr viel mehr historische Spuren geblieben, als mancher Wandsbeker weiß. Die schönen Fotos sollen da anregen, den Spuren zu folgen. Sie sollen aber auch zum Anschauen und Verweilen einladen.

Ein nach modernen Gesichtspunkten gestaltetes Museum zur Geschichte Wandsbeks könnte einer jungen Generation mehr sein als eine Orientierungshilfe. Denn wenn Geschichte einen Sinn hat, so doch wohl den, daß wir aus ihr etwas lernen. Die Versuche mancher Menschen, die Geschichte zu ignorieren oder sie abzuschütteln, sind immer ganz vergeblich gewesen. Geschichte holt uns immer ein, so oder so. Leider hat Wandsbek bisher keine Stätte, wo man über die vielfältige politische, wirtschaftliche oder kulturelle Geschichte eines in Jahrhunderten gewachsenen Gemeinwesens etwas Zuverlässiges erfahren könnte. Das gerade aufgebaute winzige Heimatmuseum kann uns da nicht weiterhelfen; denn es ist nichts anderes als der rührende Versuch einiger alter Damen, die sich an ihre Jugendzeit erinnern möchten. Vielleicht kann auch diese Publikation den Verantwortlichen im Bezirk einen Anstoß geben, etwas mehr zur historischen Bildung der Wandsbeker, vor allem der Wandsbeker Jugend, zu unternehmen.

Anhang

Geschichtliche Zeittafel Wandsbek

1296	Erste Erwähnung des Ortes Wantesbeke in einer Urkunde des Nonnenklosters Frauenthal. In dieser Urkunde erklären die Grafen von Schauenburg, welche Abgaben sie an das Kloster leisten werden.
1314	Erste Erwähnung des Dorfes Tonndorf, damals Todendörpe.
1459	Das Geschlecht der Grafen von Schauenburg, unter deren Oberhoheit Wandsbek stand, stirbt aus. Der dänische König Christian I. bewirbt sich um die Nachfolge.
1465	Wandsbek wird mit fünf weiteren Dörfern an einen Hamburger Ratsherrn verpfändet.
1472–1497	Wandsbek wechselt mehrfach den Besitzer. Durch Zusammenlegung einiger Bauernhöfe wird in dieser Zeit das Gut Wandsbek geschaffen.
1505	Wandsbek wird für 500 Mark an den Hamburger Bürger Kord van Winthem verpfändet.
1518	Damit Wandsbek nicht an das Hamburger Hospital fällt, verpfändet der dänische König es an Ritter Matthias Rantzau.
1554	Gut und Dorf Wandsbek werden dem Hamburger Bürgermeister Dr. Salszbroch als erbliches Lehen von König Friedrich I. von Dänemark übergeben.
1556	Der Hamburger Syndikus Dr. Tratziger kauft den Erben von Dr. Salszbroch das Gut Wandsbek ab. Dr. Tratziger stirbt wenige Jahre später bei einem Unfall in Alt-Rahlstedt.
1564	Heinrich Rantzau, Statthalter von Schleswig-Holstein, erwirbt Wandsbek. Er läßt das alte Herrenhaus abreißen und baut die Wasserburg «Wandesburg».
1597–1598	Der Astronom Tycho Brahe ist Gast von Heinrich Rantzau auf der Wandesburg. Er macht astronomische Beobachtungen und druckt auf eigener Druckerpresse das erste in Wandsbek gedruckte Buch.
1600	Breido Rantzau erbt Wandsbek.
1613	Der Gutspächter Basilier baut den Lusthof Wendemuth, auf dessen Gelände später der bekannte Betriebsbahnhof entsteht.
1614	Breido Rantzau verkauft, da sein einziger Sohn unvermählt gestorben ist, das Gut Wandsbek an seinen Lehensherren König Christian IV. von Dänemark.
1618–1648	30jähriger Krieg, von dem Wandsbek nicht verschont wird.
1627	Beim Truppendurchzug wird Wandsbek geplündert und angezündet.
1634	Einweihung der ersten Wandsbeker Kirche, ein bescheidener Bau ohne Kirchturm.
1645	Der aus den Niederlanden stammende Industrielle Albert Baltharsar Behrens erwirbt das Gut Wandsbek.
1646	Behrens kauft von Herzog Friedrich von Holstein die Dörfer Hinschenfelde und Tonndorf. Wandsbek hat damit fünf Mühlen, nämlich die Korn- und Lohmühle, die Ölmühle am heutigen Ölmühlenweg, die Pulvermühle am Pulverhof und eine Kornmühle auf Loher Gebiet.
1652	Die Wandsbeker Kirche bekommt einen Kirchturm.
1679	Freiherr Christian von Kielmannsegg kauft das Gut Wandsbek. Er baut das «Haus Marienthal» als Witwenbesitz für seine Gattin.
1700	In der Gutsbrauerei wird Bier gebraut. Die Brauerei und eine Brennerei werden später von Ernst Helbing übernommen.

1715	Die Pest fordert in Wandsbek 68 Todesopfer.
1730–1746	König Christian VI. verleiht der jüdischen Gemeinde in Wandsbek eine Reihe von Privilegien gegen entsprechende Geldabgaben.
1762	Freiherr Heinrich Carl Schimmelmann kauft Dorf und Gut Wandsbek. Er läßt die alte Wasserburg abreißen und an deren Stelle das Wandsbeker Schloß errichten. Die erste Wandsbeker Kattunfabrik wird gegründet.
1771	Matthias Claudius gibt die erste Nummer des «Wandsbecker Bothen» heraus. Gründung einer Tabakfabrik in Wandsbek.
1774	Die erste Wandsbeker Apotheke wird eröffnet.
1781	Errichtung der Kattunfabrik des Fabrikanten Lengercke, die 1856 durch Feuer vernichtet wird.
1783	Im Wirtshaus «Zu den drei Kronen» wird ein Postkontor eingerichtet.
1800	Wandsbek bekommt eine neue Kirche mit klassizistischer Fassade. Der Neubau wird westlich des alten Kirchturms errichtet, der für die neue Kirche stehen bleibt.
1807	Ernst von Schimmelmann verkauft Hinschenfelde, Tonndorf und den Fabrikort Wandsbek an König Christian VII. Der verkaufte Teil von Wandsbek heißt von da an «Adeliges Gut Wandsbek königlicher Anteil» und wird kurz als «Königsland» bezeichnet. Im Besitz der gräflichen Familie bleibt nur das Gut Wandsbek mit seinen Ländereien. Das entspricht etwa dem heutigen Gebiet von Marienthal. Dieser Teil von Wandsbek heißt von da an «Adeliges Gut Wandsbek privater Anteil».
1815	Matthias Claudius stirbt in Hamburg.
1817	Erlaß einer Brandverordnung. Das Spritzenhaus befindet sich damals auf dem Marktplatz.
1820	Morewood und von Lengercke gründen die Spar- und Leihcasse in Wandsbek.
1827	Die erste gepflasterte Straße von Hamburg nach Wandsbek wird gebaut.
1833	Das erste Krankenhaus wird in der Bleicherstraße eröffnet. Wandsbek bekommt offiziell die Fleckengerechtigkeit, die Rechte und Pflichten eines Fleckens bestehen aber bereits seit 1804.
1838	Dänemark legt eine Zollgrenze durch Wandsbek und erhebt auf alle Waren, die über diese Grenze gehen, Zoll.
1840	Ein achtklassiges Schulgebäude wird zwischen den beiden Schulstraßen errichtet.
1842	Erster Wandsbeker Pferdeomnibus zwischen Wandsbeker Markt und Hamburger Rathaus.
1847	Der königliche Anteil von Wandsbek, das Gelände nördlich der Wandse wird vom Flecken Wandsbek gekauft.
1854	Wandsbek kauft die ehemalige Eisengießerei an der Lengerckestraße und baut sie zu einer Kavalleriekaserne für die seit zwei Jahren dort stationierten dänischen Dragoner um. In späterer Zeit werden österreichische und preußische Truppen in der Kaserne untergebracht.
1857	Das «Gut Wandsbek privaten Anteils» wird an den Grundstücksspekulanten Johann Carstenn verkauft. Zum Gut gehörten damals der heutige Stadtteil Marienthal, das Wandsbeker Gehölz, das Schloß, der Schloßpark, der Pächterhof, das ehemalige Gerichtshaus, der Meierhof Mühlenbeck, Groß-Jüthorn und das Jägerhaus Klein-Jüthorn.
1858	Das Gutsgelände wird von Carstenn in Villengrundstücke aufgeteilt und verkauft. Nach dem Bau eines Gaswerks bekommt Wandsbek 125 Straßenlaternen, die mit Gas betrieben werden.
1859	Der Buchdrucker Friedrich Puvogel richtet in der Königstraße eine Druckerei ein und bringt den «Wandsbecker Bothen» neu heraus.
1860	Wandsbek kauft vom Gutsbesitzer Carstenn das Wandsbeker Gehölz, damit es nicht gerodet und dann parzelliert wird.

1861	Das Gelände des Gutes Wandsbek erhält offiziell den Namen Marienthal. Das Wandsbeker Schloß wird abgerissen und das Gelände ebenfalls von Carstenn parzelliert.
1865	Inbetriebnahme der Hamburg-Lübecker Eisenbahn mit der Station Wandsbek.
1866	Einführung der Schienen-Pferdebahn.
1867	Wandsbek wird preußisch.
1868	Wandsbek erhält ein königliches Amtsgericht.
1869	Die Schienen-Pferdebahn nach Groß-Jüthorn wird in Betrieb genommen und bleibt bis 1922 in Betrieb.
1870	Wandsbek wird Stadt.
1871	Die freiwillige Feuerwehr der Stadt wird gegründet.
1872	Eröffnung der Höheren Bürgerschule im ehemaligen Pächterhaus des Gutes mit 72 Schülern.
	Eine Blatternepidemie fordert 132 Opfer.
1874	Das Landratsamt des Kreises Stormarn wird von Reinbek nach Wandsbek verlegt.
1978	Marienthal wird ein Bezirk der Stadt Wandsbek.
1878–1897	Dampfstraßenbahn Wandsbek–Hamburg.
1882	Es wird geplant, die Wandse als Kanal für Dampfschiffe befahrbar zu machen und für Lastkähne bis etwa Wandsbek-Ost auszubauen. Am Widerstand Hamburgs scheitern diese Pläne.
1883	Das Fernsprechamt Wandsbek wird mit neun Teilnehmern eröffnet.
1882	Wandsbek verliert seine bis dahin erhalten gebliebene Zollfreiheit. Das Gymnasium zieht in sein neues Gebäude ein und erhält den Namen Matthias-Claudius-Gymnasium. Das städtische Krankenhaus in der Jüthornstraße wird in Betrieb genommen.
1890	Wandsbek kauft den Großensee und den Lütjensee, baut dort ein Wasserwerk und leitet das Wasser durch eine 20 Kilometer lange Leitung zu dem Wandsbeker Wasserturm. Die Anlage wird zwei Jahre später in Betrieb genommen. Durch diese Maßnahme wird Wandsbek von dem choleraverseuchten Hamburger Wasser unabhängig, und während 1892 viele Tausende in Hamburg der Cholera-Epidemie zum Opfer fallen, hat Wandsbek nur 43 Tote zu beklagen.
1897	Die erste elektrische Straßenbahn verkehrt zwischen Wandsbek und Hamburg.
1898	Die Christuskirche wird durch Feuer vollständig zerstört.
1900	Hinschenfelde kommt zu Wandsbek. Damit hat Wandsbek fast 28 000 Einwohner.
1901	Wandsbek scheidet aus dem Kreis Stormarn aus und wird kreisfreie Stadt. Die neue Kirche wird eingeweiht.
1909	In der Josephstraße wird das Elektrizitätswerk in Betrieb genommen, das 1920 mit dem Leitungsnetz der HEW verbunden und 1929 zusammen mit dem Gaswerk an Hamburg verkauft wird.
1914	Ausbruch des Ersten Weltkrieges.
1918	Nach dem verlorenen Krieg und der Abdankung der Hohenzollern wird das Drei-Klassen-Wahlrecht für den preußischen Landtag durch das allgemeine und gleiche Wahlrecht ersetzt.
1926	Anlage des Botanischen Schulgartens im Eichtal auf Anregung des Wandsbeker Lehrervereins.
1927	Das Stadtgebiet wird um 750 ha auf 1887 ha durch die Eingemeindung der Dörfer Jenfeld und Tonndorf erweitert.
1928	An der Bovestraße wird ein 24klassiges Schulgebäude errichtet, ein Bau, der in seiner Zeit als vorbildlich galt.

1933	Sieg des Nationalsozialismus in Wandsbek. Alle bürgerlich-demokratischen Rechte werden vernichtet. Die Verfolgung der politischen Gegner der Nazis und der jüdischen Mitbürger beginnt.
1937	Wandsbek wird durch Staatsvertrag in Groß-Hamburg eingemeindet.
1939—1945	Zweiter Weltkrieg. Im Verlaufe der Bombardierung werden größere Teile von Wandsbek, insbesondere Marienthal und Eilbek zerstört.
1950	Die Bezirksversammlung in ihrer heutigen Form wird geschaffen.
1950—1970	Aufbau und Ausbauphase Wandsbeks.
1962	Neuer Busbahnhof Wandsbek-Markt. Damit und mit dem Bau der Rathausbrücke wird der Verkehr neu gestaltet.
1983	Der Betriebsbahnhof Wendemuth wird als moderner Busbahnhof gebaut.

Bildnachweis

(A) = Fritz Lachmund
(B) = Thomas Hampel
(C) = Wolfgang Plat
(D) = Helga Plat
(E) = Staatliche Landesbildstelle Hamburg
(F) = Staatsarchiv Hamburg
(G) = Universitätsbibliothek Hamburg
(H) = HHA — Hamburg
(J) = Stiftung Preußischer Kulturbesitz
(K) = Kulturbehörde Hamburg
(L) = Museum für Hamburgische Geschichte

CIP-Kurztitelaufnahme der Deutschen Bibliothek

Plat, Wolfgang:

Wandsbek: e. Bilderbuch / von Wolfgang Plat.
Mit Bildern von Fritz Lachmund . . . —
Hamburg: Christians, 1986.
ISBN 3-7672-0938-1

NE: Lachmund, Fritz [Ill.]

© Hans Christians Verlag, Hamburg 36, 1986
Alle Rechte vorbehalten
Herstellung Christians Druckerei
ISBN 3-7672-0938-1
Printed in Germany

Claudius-Plakette
am Matthias-Claudius-Gymnasium (B)